Tobias Klostermann

Wie werde ich reicher als meine Eltern?

Die erfolgreiche Geldvermehrung ist kein Hexenwerk, wenn man weiß, was man tun und was man besser lassen sollte. Dieses Buch ist ein praktischer Werkzeugkasten für alle, die die Welt jenseits von Girokonto und Sparbuch erkunden wollen – und ein Wertekompass: Denn erfolgreich ist nur, wer neben seinem finanziellen auch seinen moralischen und emotionalen Reichtum im Blick behält.

Tobias Klostermann ist Gründer und Vorstand der ecoblue AG und Experte für Finanzplanung und Vermögensmanagement. Er lebt in München und Kitzbühel. Um benachteiligte Kinder und Jugendliche zu unterstützen und für mehr Bildungsgerechtigkeit zu sorgen, hat Tobias Klostermann 2009 die »Chancen-Stiftung – Bildungspaten für Deutschland« gegründet. Die Stiftung ermöglichte bislang mehr als 2500 Kindern und Jugendlichen professionelle Nachhilfe. Tobias Klostermann war früher leidenschaftlicher Fechter: Um Kinder und Jugendliche im Fechtsport zu fördern, hat er die ecoblue Fecht-Akademie e. V. ins Leben gerufen, an die er sein Autorenhonorar zu 100 Prozent spendet.

ecoblue Fecht-Akademie

DIE CHANCENSTIFTUNG
Bildungspaten für Deutschland

Tobias
Klostermann

Wie werde ich reicher als meine Eltern?

Alles, was du über
Geld wissen musst

dtv

MIX
Papier | Fördert gute Waldnutzung
FSC® C083411

2. Auflage 2026
2024 dtv Verlagsgesellschaft mbH & Co. KG
Tumblingerstraße 21, 80337 München
produktsicherheit@dtv.de
Lizenzausgabe mit freundlicher Genehmigung der
Carl Hanser Verlag GmbH & Co. KG, München

Umschlag und Gestaltung: Lisa Höfner, buxdesign I Agentur für
Konzeption, Gestaltung und Produktion, München
Satz: Fotosatz Amann, Memmingen
Druck und Bindung: CPI books GmbH, Leck
Printed in Germany · ISBN 978-3-423-62803-7

VORWORT 7

KAPITEL 1 Die ersten 100 Euro 15

KAPITEL 2 Die ersten 1000 Euro 73

KAPITEL 3 Die ersten 10 000 Euro 147

KAPITEL 4 Die ersten 100 000 Euro 189

KAPITEL 5 Die ersten 1 000 000 Euro 223

10 LEKTIONEN für deine finanzielle Unabhängigkeitserklärung 260

Danke 265

Stichwortverzeichnis 266

Quellennachweis 267

Bildnachweis 271

VORWORT

Geld ist nicht statisch.
Geld ist Energie und muss fließen.

Ausgerechnet ich soll dir erklären, wie du reicher wirst als deine Eltern? Auf dem Buch steht: »Tobias Klostermann«, das bin ich, »Gründer und Vorstand der Finanz- und Vermögensberatung ecoblue AG«. Wenn du das liest, springt bei dir im Kopf vielleicht gleich etwas an. So was wie: Bestimmt irgendein Boomer, der an einer Elite-Uni studiert hat und dessen einzige Leistung darin besteht, Papas Erbe nicht vollkommen verbrannt zu haben.

Zugegeben, ich bin älter als du. Das heißt erst mal nur, dass ich mehr Zeit hatte, manches richtig zu machen – und verdammt viel falsch. Privat und mit Geld und vor allem, wenn beides zusammenkam. Spulen wir einmal gemeinsam zurück in die Zeit, in der ich so alt war, wie du es heute bist: die 1980er-Jahre, als es noch zwei Deutschlands gab und ich im sozialistischen Osten davon aufwuchs.

Noch schnell eine Sache zu den 80ern, wie du sie sicher aus manchen Serien oder von manchen Songs kennst: knallbunt, zuckersüß und superhappy. Wenn ich an die 80er denke, sieht es in meiner Erinnerung völlig anders aus. Die Häuser, die Klamotten, sogar die meisten Menschen: trist, schmutzig und grau. Wenn du bunte Klamotten haben wolltest, musstest du dich darum fast schlagen. Die einzigen Lichtblicke damals waren für mich die Care-Pakete meiner Großtante aus Kalifornien. Was sie schickte – *Wrangler*-Markenjeans, Schokolade, Kaugummis und Spielzeugautos von *Matchbox* –, war das Einzige, was ausnahmsweise nicht trist oder grau war. Obwohl, so ganz stimmt das nicht. Da war noch etwas. Mein geliebtes Fechten. Mit Degen, Säbel und Florett. In schneeweißem Brustschutz, schneeweißen Handschuhen und schneeweißen Hosen. Das exakte Gegenteil des grauen, tristen Landes, in dem ich groß wurde.

Wenn ich als Teenager nicht trainierte oder mir Wettbewerbe im Fernsehen anschaute, träumte ich vom Fechten. Mir blieb auch wenig anderes übrig. Hinter der Mauer waren die Bedingungen katastrophal. Selbst meine Schuhe waren so schrottig und notdürftig geflickt, dass sie mir beim Fechten ständig aufrissen.

Ich wollte raus, die Welt sehen. Durfte ich nicht. Als normaler Bürger war es schwer möglich, das Land zu verlassen. Man konnte weder einen Flug noch einen Nachtzug buchen oder sich ins Auto setzen und einen Roadtrip ins Ausland machen. Als Sportler schon. Auf internationalen Turnieren in Budapest, Olmütz in Tschechien oder Katowice in Polen focht ich mit Sportlern aus ganz Europa. Was mir direkt auffiel: was für geile Schuhe die anderen hatten! Echte Adidas mit original drei Streifen. Die kannte ich nur aus Geschichten aus dem Fernsehen. Oder meinen Träumen. Ich musste, musste, musste diese Schuhe haben. Wahrscheinlich habe ich bei diesen Turnieren verstanden: Es gibt offenbar schöne

Dinge im Leben, die ich besitzen will. Nur, das war mir auch klar: Als Juniorenfechter in Ostdeutschland wird das nichts.

Mein absoluter Sehnsuchtsort war nicht Olmütz oder Budapest. Auch nicht Amsterdam oder New York. Sondern das Fechtinternat in Tauberbischofsheim, einer wahnsinnig uncoolen Kleinstadt in Baden-Württemberg. Was Los Angeles für den Film ist, Paris für die Mode oder Berlin für Raves, war Tauberbischofsheim fürs Fechten: der Mittelpunkt der Welt.

Bloß konnte man sich damals als Teenager im Osten meist nicht selbst aussuchen, was man mit seinem Leben anfängt. In meiner Schule gab der Staat vor, was aus einem werden sollte. Ich hätte total gern Abitur gemacht und studiert. Nach meinem Realschulabschluss rief mich die Schulleitung zu sich, um mir zu sagen: »Du wirst Kfz-Mechaniker.« Oh mein Gott – ich hatte mir wenig bis nichts vorstellen können, was ich in meinem Leben weniger gewollt hätte, als an Motoren rumzuschrauben. Tja, Pech. Widerstand zwecklos.

Im Herbst 1989 erreichte mich ein Geschenk des Himmels. Die Mauer fiel, mit ihr ein ganzer Staat. Die Grenzen gingen auf, mir stand die ganze Welt offen. Niemand hinderte mich daran, sie zu erobern. Erste Station? Na klar, das Fechtinternat in Tauberbischofsheim!

Eine Einladung zum Probetraining in der Tasche, setzte ich mich wenig später in den Zug. Eine aufregende wie unbekannte Welt vor Augen und im Kopf nur der Gedanke: Mein Traum wird wahr.

Nach dem Probetraining nahm mich der Trainer zur Seite: »Junge!«, sagte er. »Du fechtest ja, als ob es um dein Leben ginge.« Ging es ja auch. Technisch war ich kein Genie. Aber ich hatte Leidenschaft. Biss. Und den Traum »Tauberbischofsheim«. Sie nahmen mich. Zum Einstieg bekam ich meine ersten Adidas-Schuhe mit original drei Streifen.

Matthias Behr, mein Betreuer und – oh, mein Gott, oh, mein Gott, oh, mein Gott – ein Olympiasieger, wollte von mir wissen: Was ist dein Plan? Ich verstand gar nicht, was er von mir wollte. Ich war doch am Ziel angekommen: bei ihm im Fechtinternat. Er sagte: »Du kannst nicht gleichzeitig Fechter und Kfz-Mechaniker sein, stundenlang in der Werkstatt schrauben und abends noch trainieren.« Ich bräuchte, sagte er, einen Job für den Kopf. Einen, der meinen Körper schonte. Wow! Erst der Platz im Fechtinternat. Jetzt auch noch die Rettung vorm Horrorjob als angehender Kfz-Mechaniker. Die Welt, dachte ich, meint es wirklich gut mit mir.

Mein Betreuer vermittelte mir ein Praktikum bei der Sparkasse vor Ort, daraus wurde ein Ausbildungsvertrag. Die Lehre zog ich weniger mit Leidenschaft durch, mehr mit sportlichem Ehrgeiz. Ich arbeitete wie bekloppt. Zum ersten Mal verkaufte ich etwas anderes als meine sportliche Leistung, und zwar: Sparlotterie-Lose. Zehn Mark das Stück, acht Mark direkt auf das Sparkonto des Kunden, zwei Mark in eine Lotterie, bei der man – mit viel Glück – gewinnen konnte. Klingt sehr aufregend, oder? Aber im Ernst, ich mochte es. Es war wie Roulette mit Sicherheitsnetz. Die Leute sparten einen sicheren Betrag. Wenn sie etwas gewannen, freuten sie sich. Wenn sie nicht gewannen, waren sie auch nicht traurig. Sie hatten ja so gut wie nichts verloren und trotzdem Geld angespart. Meine Arbeit in der Bank brachte die Leute zum Lächeln – und mich genauso.

Geld, das lernte ich damals, kann etwas Warmes und sehr Konkretes haben: einen Nutzen für Menschen. Mir persönlich ermöglichte es meinen ersten Renault. Den habe ich zwar zwei Monate später im Schnee kaputt gefahren, aber ich verstand: Ein Auto, das man sich selbst erarbeitet, ist mehr als ein Auto. Das ist eine Belohnung für die harte Arbeit. Ein Auto bedeutet Freiheit.

Tja, dann passierte, was oft mit Teenagerträumen passiert: Sie platzten. Mir wurde klar, dass mein geliebtes Fechten auf Dauer nicht mein Lebensinhalt bleiben konnte. Es gab damals, außer im Fußball und vielleicht beim Tennis, noch kaum Profisportler. Bis heute gibt es niemanden, der allein vom Fechten leben kann. Ich musste damit klarkommen. Es gelang mir, indem ich »den Marsblick machte«. So nenne ich das, wenn ich mir vorstelle, wie es wäre, mich und meine Situation von ganz weit draußen zu betrachten. Vom Mars sehen die Probleme kleiner aus, als sie auf der Erde scheinen.

Ich war dankbar dafür, dass mich das Fechten träumen ließ. Dafür, dass ich jede Minute in Training und Gefecht genossen habe. Und dafür, dank des Fechtens einen Job in der Sparkasse zu haben, den ich mochte. Es ist doch so: Nicht jedes Investment musst du in der gleichen Währung zurückbekommen, in der du eingezahlt hast. Was ich vom Fechten bekam, war zwar keine Profikarriere. Dafür Selbstvertrauen, das »Abenteuer Tauberbischofsheim« und ein Netzwerk von Menschen, die mir Türen öffneten. Abseits der Fechtbahn.

Elmar Borrmann aus dem Fechtinternat, noch ein Olympiasieger, hat mich später von der Sparkasse zu einem großen Versicherer geholt. Quasi das nächste Level nach den Sparlotterie-Losen. Für einen Weltkonzern analysierte ich die Bedürfnisse von Menschen: Sie sagten mir, was sie finanziell erreichen wollten, ich zeigte ihnen den Weg. Win-win, ein gutes Geschäft für beide.

Ich war gut, richtig gut. Mein Problem war, dass ich überheblich wurde und nicht bemerkte, wie in meinem Inneren hässliche Gedanken wuchsen: Ich weiß alles, ich kann alles, ich brauche niemanden. Ich wechselte vom Konzern in die Selbstständigkeit. In der darauffolgenden Zeit vergaß ich, warum ich diesen Job eigentlich so gerne gemacht hatte. Ich vergaß mich auch ein bisschen selbst. Das Schlimmste war: Es war mir vollkommen egal. Ich verdiente mittlerweile so viel Geld, hin und wieder dachte ich an meine ersten Fechtschuhe, an meinen ersten Renault. Eben an schöne Dinge, die man mit Geld kaufen kann und die Freude bringen. Dieser Gedanke – ich kann alles kaufen, was ich brauche – begann, alles andere in meinem Inneren zu verdrängen. Ich verdiente noch mehr Geld und wollte noch mehr. Mit 23 fuhr ich zum ersten Mal einen Porsche 911. Dann kam ein Unfall. Trotzdem fuhr ich weiter. Auch in Zuständen, in denen man echt nicht fahren sollte. Weiter, immer weiter, obwohl sie mir längst meinen Führerschein weggenommen hatten. Porsche fahren war für mich wichtiger, als Gesetze einzuhalten.

Wieder und wieder erwischten sie mich. Wieder war mir das vollkommen egal. Gesehen und bewundert zu werden, dieses Porsche-Gefühl-im-Kopf. Das war wie ein Rausch. Geld war für mich ein eiskaltes Mittel zum Zweck geworden, um die Leere in mir zu füllen.

Aus dem Jungen, der vom Fechten geträumt und Menschen mit Sparlotterie-Losen zum Lächeln gebracht hatte, war ein unausstehlicher Angeber geworden: große Klappe, gar nichts dahinter. Wieder erwischte mich die Polizei. Mein Anwalt sagte zu mir: »Wenn du so weitermachst, landest du im Gefängnis.« Da hat es bei mir im Kopf geknallt: Was zum Teufel mache ich da eigentlich gerade mit meinem Leben? Ich musste raus. Also: Reißleine, Flucht in die Alpen, völliger Rückzug. Wieder in den Marsblick: Zwei Wochen lang habe ich auf einer Hütte mein Leben von außen angeschaut. Die bittere Erkenntnis: In meinem Porsche 911 hatte ich verdammt viele falsche Abfahrten im Leben genommen. Also zurück auf Anfang. Mich darauf besinnen, was ich kann, was ich will und was ich damit erreichen möchte. Das war schwer, das tat weh. Aber es hat geklappt. Meine Fehler gehören zu mir, ich habe aus ihnen gelernt. Ich wurde Vater, und meine Kinder sind heute in deinem Alter. Für Menschen wie sie und dich habe ich dieses Buch geschrieben.

So. Das war mein Leben im Schnelldurchlauf. Wie gesagt, mein Vorsprung an Lebensjahren entspricht nur meinem Vorsprung an Dummheiten – oder, um es mal positiv zu wenden: meinem Vorsprung an Lektionen, die ich aus meinem Leben gezogen habe.

So ehrlich, wie ich dir mein Leben erzählt habe, so ehrlich sage ich dir auch: Du kannst reicher werden als deine Eltern.

Du kannst Millionär werden. Auch wenn du bei null anfängst. Ohne dunkle Geschäfte, ohne deine Seele zu verkaufen und dich selbst zu vergessen. Du brauchst nur Wissen, Geduld und eine gute Strategie.

Du willst es, ich weiß, wie es geht. Also, unser Weg zur ersten Million – legen wir los?

Kapitel 1

ZEITRAUM: 12 MONATE

**WOHER GELD KOMMT,
WAS ES WAR UND HEUTE IST,
WARUM DIR KEINER HELFEN WIRD,
ES ZU VERDIENEN, AUSSER DIR SELBST –
UND WELCHEN RIESENVORTEIL DU
BEIM INVESTIEREN HAST IM
VERGLEICH ZU DEINEN ELTERN**

1 Die Welt ist ungerecht, gemein und böse. Flauschig, schön und voller Möglichkeiten ist sie aber auch

Deine Eltern haben es leicht gehabt, du wirst es schwer haben. Das ist, sehr vereinfacht, die Ausgangslage, wenn es um deine Finanzen geht. Aber das kennst du ja schon vom Klimawandel: Teenager von heute müssen in der Zukunft ausbaden, was ihre Eltern in der Vergangenheit angerichtet haben.

Das ist die eine Zukunftsaussicht. Die, die deprimierend sein kann. Die andere, die optimistische Version, geht so: Wenn es um deine Finanzen geht, hast du es heute leichter, als es deine Eltern jemals gehabt haben.

Deine finanzielle Zukunft wird also richtig düster und richtig großartig. Was denn nun? Beides. Lass mich dir anhand von ein paar Beispielen erklären, warum beides stimmt – und was das für dich bedeutet.

2 Der goldene Kugelschreiber und ein Monster namens Rentenlücke

Wer Gehalt für seine Arbeit bekommt, weiß, dass er davon leider nicht alles behalten darf. Diesen schmerzhaften Unterschied zwischen »brutto« und »netto« kennst du sicher schon. Du bezahlst Steuern und einen bestimmten Betrag für die Vorsorge, wenn etwas schiefgeht. Dafür, dass du abgesichert bist, wenn du arbeitslos wirst. Wenn du krank wirst. Pflegebedürftig. Bei dir auf dem Konto kommt nur der Nettobetrag an.

Es gibt ein paar gute Eselsbrücken, um brutto und netto nie wieder zu verwechseln.

- Das B kommt im Alphabet vor dem N.
- *Nett* wie netto ist es, Gehalt zu bekommen – *blöd* wie brutto ist es, einen großen Teil davon abgeben zu müssen.
- Es ist *brutal*, was einem vom *Brutto*-Gehalt abgezogen wird und mit welcher Summe, nämlich gar *net so viel*, man anschließend zum *Netto*-Supermarkt gehen kann.

Ein weiterer Teil deines Gehalts geht an die staatliche Rentenversicherung. Mit deinem Geld bezahlt der Staat die Rente deiner Eltern oder Großeltern. Wenn du in Rente gehst, bezahlen deine Kinder oder Enkel. Diesen Deal nennt man: Generationenvertrag. Klingt eigentlich ziemlich fair, oder? War es auch, solange der Deal funktioniert hat. Jemandem die Rente zu bezahlen, ist nämlich sehr, sehr teuer. Als man sich das System ausgedacht hat,[1] hat man so gerechnet, dass immer mehrere Menschen einen Rentner finanzieren. Vor 60 Jahren finanzierten durchschnittlich sechs Junge einen Alten. Die Rechnung ging auf, weil die Menschen viel mehr Kinder bekommen haben als heute. Heute ist es so: Die Alten werden immer mehr, die Jungen immer weniger. Als ich in Tauberbischofsheim gefochten habe, Anfang der 1990er-Jahre, finanzierten statistisch betrachtet 2,7 berufstätige Menschen einen Rentner. Wenn du einmal in den Ruhestand gehst, steht es wahrscheinlich 1 : 1.[2]

Das ist der erste Punkt, warum du es im Alter schwerer haben wirst. Weniger Junge müssen die Rente von mehr Alten bezahlen. Zwangsläufig bleibt dabei weniger Geld für alle. Der zweite ist: Deine Eltern oder Großeltern machten noch ganz anders Karriere, als du es vielleicht planst.

Viele von ihnen ließen sich nach der Schule in einem dieser großen urdeutschen Konzerne ausbilden. Bei Siemens, Karstadt oder der Telekom. Dort fingen sie ihren ersten Job an – und blieben bis zur Rente. Ich wette, du hast jemanden in der Familie, der so etwas wie einen goldenen Kugelschreiber zum 30. Dienstjubiläum bekommen hat und – vollkommen zu Recht – sehr stolz darauf ist, ein Berufsleben lang *Karstädter* gewesen zu sein.

Für solche Menschen gibt es sogar noch was obendrauf: Wenn man sehr lange bei einem Unternehmen blieb, bekam man eine zusätzliche Rente, die sogenannte Betriebsrente. Je länger man dabei war, desto mehr kam am Ende raus.

Vielleicht spürst du jetzt einen Gedanken in dir: »Boah, ein ganzes Leben im gleichen Unternehmen, wie wahnsinnig öde.« Mit diesem Gedanken bist du nicht alleine. Die meisten Teenager denken so.[3] Sie wollen mehr von der Berufswelt sehen. Vielleicht wollen sie zwischendurch mal die Branche wechseln, mit Ende 30 ein Sabbatical machen, um noch einmal in Asien oder den USA rumzureisen. Vielleicht wollen sie Kinder bekommen und als Mama oder Papa glücklich werden. Es gibt tausend Optionen, und wenn du es möchtest, solltest du mindestens ein paar von ihnen ausprobieren. Blöderweise heißt das aber: Du wirst keine dicke Betriebsrente bekommen.

Wenn du dich also mal richtig gruseln willst, brauchst du keinen Monsterfilm streamen. Es reicht, wenn du »Rentenlücke« googelst und den Betrag ausrechnen lässt zwischen dem, was du einmal als staatliche Rente bekommst, und dem, was du gerne für ein sorgenfreies Leben als Opa oder Oma hättest. Ein Tipp: Google das bloß nicht jetzt sofort. Lies lieber erst mal weiter! Kleiner Spoiler: Vor dem Monster »Rentenlücke« rettet dich keiner. Das musst du selber machen.

P. S.: So sieht übrigens ein typischer Gehaltszettel für deinen ersten Job aus.

Lohn- und Gehaltsabrechnung

Name/Vorname		Krankenversicherung	KV-Pflicht
Abrechnungszeitraum	Monat	Beitragssatz KV	14,60 %
Jahr/Monat	2023/November	Zusatzbeitrag Kasse	1,2 %
Steuerklasse	1	PV-Zuschlag	Ja
Monatl. Freibetrag	0,00 EUR	RV-Beiträge	Ja
Kirchensteuer	Nein	AV-Beiträge	Ja
Kinderfreibeträge	0	Betragsstatus	Beitragspflicht (Standard)
Bundesland	Bayern		

Brutto-Bezüge	
Bruttogehalt	900,00 EUR
Brutto gesamt	**900,00 EUR**

Arbeitnehmeraufwendungen

Steuer/Sozialversicherung		
Lohnsteuer*	0,00 EUR	
Solidaritätszuschlag*	0,00 EUR	
Kirchensteuer*	0,00 EUR	
Steuerrechtliche Abzüge*		0,00 EUR
Krankenversicherung	– 71,10 EUR	
Pflegeversicherung	– 15,30 EUR	
Rentenversicherung	– 83,70 EUR	
Arbeitslosenversicherung	– 11,70 EUR	
Sozialversicherungsrechtliche Abzüge		– 181,80 EUR
Nettoverdienst		**718,20 EUR**
Netto-Bezüge/Abzüge		
Kammerbeitrag	0,00 EUR	
Netto-Bezüge/Abzüge		0,00 EUR
Auszahlung		**718,20 EUR**

* Steuer muss erst ab einem bestimmten Grundeinkommen gezahlt werden.

3 Das gesammelte Wissen der ganzen Menschheit in deiner Hosentasche

Stell dir mal vor, wir würden alle deine Vorfahren, alle Opas und Ur-Ur-Ur-Großtanten aus den letzten Jahrhunderten, mit dir in einen Raum sperren. Zusammen machen wir das härteste Quiz der Welt. Nur der Klügste, der Schlauste unter euch allen darf den Raum wieder verlassen. Wenn ich voraussagen müsste, wer gewinnt, würde ich mein gesamtes Geld auf dich setzen, und meine Firma gleich dazu. Du hast einen Vorteil, der dich mit absoluter Sicherheit gewinnen lässt: dein Smartphone. Du hast den Zugang zum gesammelten Wissen der kompletten Menschheit in deiner Hosentasche. Innerhalb von Sekunden kennst du jede Firmenbilanz, jeden Aktienkurs und jeden Chef jedes Unternehmens auf der ganzen Welt. Du kannst googeln, wer die Glühbirne oder das Elektroauto erfunden hat, was eine Aktie ist, nämlich eine prozentuale Beteiligung an einem Unternehmen, und was ein vierfach gehebelter ETF, der seine Erträge thesaurierend reinvestiert. (Das musst du nicht jetzt googeln, das erkläre ich dir später noch.)

Du kannst ein Aktiendepot auf deinem Smartphone einrichten und dich an einer Goldmine in Kenia beteiligen. Du kannst auf die Getreidepreise in Peru wetten oder darauf, dass Tesla und Google in einem Jahr bankrott sind. Niemals in der Geschichte der Menschheit war es einfacher, Experte zu werden und sein eigenes Ding zu machen. Aber: Nur weil du es kannst, musst du es ja nicht zwingend tun. Wahrscheinlich erschlagen dich diese Hunderttausenden Optionen. Das liegt daran, dass die Welt echt komplex ist. Leider gibt es genug Menschen, die dir trotzdem einfache Antworten andrehen wollen.

4 Der Bullenmarkt und der Markt für Bullshit

Vollkommen und unbestreitbar klar, dass es mehr Spaß macht, sich ein gut gemachtes YouTube-Video über Aktien anzuschauen, als dein staubtrockenes Schulbuch von 1999 zu lesen. Wenn dir bei YouTube mal einer ein bisschen falsch erklärt, warum man bei steigenden Aktienkursen von einem »Bullenmarkt« redet, und du deswegen in der Klausur eine schlechtere Note bekommst – völlig egal. Das Internet ist voller Lügen, Halbwahrheiten und Müll. Das weißt du selber. Neben Politik und Gesundheit gibt es im Internet noch ein Thema, bei dem besonders viel Bullshit verbreitet wird: Geld. Unser Thema.

Erlaub mir an dieser Stelle ein einziges Mal, wie ein nerviger Lehrer zu klingen. Versprochen, ich mach das im gesamten Buch nur dieses Mal: Glaub nicht, was dir irgendwelche Leute im Internet über das Reichwerden erzählen. Du kennst diese Geldbündel-Poser mit giftgrünen Lamborghinis von Instagram oder YouTube. Die dir versprechen, dich innerhalb von wenigen Monaten reich zu machen. Du ahnst es schon: Die reden Bullshit. Jeder Einzelne von denen. Egal, ob sie dich mit CFD-Trading locken, mit Multi-Level-Marketing oder sonst einem Zauberwort – wer dir sagt: »Komm zu mir, ich mach dich superschnell superreich«, der lügt. Der meint es nicht gut mit dir. Sondern ausschließlich mit sich selbst.

In den dreißig Jahren, in denen ich dieses Business kenne, habe ich gelernt: Es gibt keinen einzigen Weg zum Reichtum, der schnell, planbar *und* legal ist. Keinen einzigen.

Es gibt Wege, die legal und relativ schnell sind. Aber nicht planbar. Beispielhaft für diesen Weg ist die Erfindung des iPhones durch Apple-Boss Steve Jobs: ein Produkt, nach dem plötzlich und gegen jede Wahrscheinlichkeit die ganze Welt verrückt war.

Es gibt Wege, die planbar und schnell sind. Aber nicht legal. Diesen Weg hat der junge Leipziger Maximilian Schmidt alias Shiny Flakes beschritten, als er aus seinem Kinderzimmer einen globalen Drogenhandel aufzog.

STEVE JOBS – DER VISIONÄR

Der wohl größte Erfinder des ausgehenden 20. und beginnenden 21. Jahrhunderts sagte einmal, das Prägendste, das er in seinem Studium gemacht hatte, bevor er es nach einem Semester abbrach, sei ein ausführlicher LSD-Trip gewesen. Den Rausch bezeichnete der Studienabbrecher und spätere Apple-Gründer Steve Jobs als eines der »zwei bis drei wichtigsten Dinge, die ich je in meinem Leben gemacht habe«. Angeblich soll der Trip das spätere Design seiner Produkte entscheidend geprägt haben. In den 1970er-Jahren wurde Jobs Frutarier, ernährte sich also hauptsächlich von Früchten – während dieser Diät erfand er den Namen seiner ersten Computerfirma: Apple, die er 1976 in einer gemieteten Garage gründete. Schon der zweite Computer der Firma, der *Apple II*, 1977 auf den Markt gekommen, wurde ein Verkaufsschlager. Es folgten: der *Macintosh* (1984), sein Einstieg beim Filmstudio *Pixar* (1986), der *iMac* (1998), der *iPod* (2001). Und jedes Mal sagten die Leute erst: »Wer braucht denn so was?« Und jedes Mal antworteten die gleichen Leute und Millionen andere später nur: »Ich!« Jedes seiner Produkte war nicht weniger als eine Revolution: *Toy Story*, der erste Pixar-Film und das Vorbild für Kinofilme, die komplett digital erschaffen wurden. Macintosh und iMac für den Heimcomputer. Der iPod für mobile Musik-Abspielgeräte, die ohne Kassetten oder CDs auskamen. Anfang der 2000er-Jahre hatte Steve Jobs einen neuen Traum. Codename »Project Purple«. Ein mobiles Telefon, das keine Tasten hatte. Sondern einen Touchscreen. Wir kennen es heute unter dem Namen *iPhone*. Wieder fragten die Leute zuerst: »Wer braucht denn so was?« 13 Jahre später hatte Apple eine Milliarde iPhones verkauft. Das Unternehmen wurde zum wertvollsten der Welt. Steve Jobs, der in seinem Leben nicht nur eine Idee hatte, die die Welt veränderte, sondern gleich fünf, stand selbst lange als »schlechtestbezahlter Geschäftsführer der Welt« im Guinness-Buch der Rekorde. Ernsthaft! Er zahlte sich selbst ein Gehalt von einem Dollar pro Jahr aus. Von Apple ließ er sich lieber Aktien schenken, die dermaßen im Wert stiegen, dass er so zu einem der reichsten Menschen auf dem Planeten wurde.

SHINY FLAKES – DER GROSSDEALER AUS DEM KINDERZIMMER

Jahrelang rätselte die Welt darüber, wer hinter dem Pseudonym Shiny Flakes steht, der im Internet über Jahre einen der größten Shops für Drogen betrieb. Im März 2015 stürmten Polizisten ein Kinderzimmer in Leipzig: das Hauptquartier von Shiny Flakes, außerhalb des Internets ein Teenager namens Maximilian Schmidt. In seinem Kinderzimmer fanden die Polizisten 360 Kilogramm Kokain, LSD, Ecstasy und Gras. Es war einer der größten Drogenfunde in der Geschichte Deutschlands. Pro Jahr soll Shiny Flakes einen Umsatz von mehreren Millionen Euro erreicht haben – wie reich sein Shop ihn aber wirklich gemacht hat, weiß niemand genau. Seine Kunden zahlten in Coins, also in Kryptowährungen. Die Wallets, in denen Shiny Flakes sie aufbewahrte, konnten bis heute nicht vollständig entschlüsselt werden. Was wir aus seiner Geschichte lernen können? Du kannst echt schnell reich werden, indem du mit etwas handelst, das schwer zu bekommen ist, aber viele Menschen haben wollen.

In diesem Fall: Drogen. Ein gut gemachter Webshop reicht, um ohne eine Riesenzahl von Mitarbeitern oder großen Wareneinsatz einen Millionenumsatz zu erreichen. Bloß war das Geschäft von Shiny Flakes höchst illegal. Im November 2015 verurteilte ihn das Landgericht Leipzig wegen Drogenhandels zu einer Haftstrafe von sieben Jahren. Der Staatsanwalt, der Shiny Flakes hinter Gitter brachte, musste beim Prozess zugeben: »Wenn's nicht illegal gewesen wäre, hätte man eigentlich den Hut vor dem Angeklagten ziehen müssen.« Shiny Flakes wurde vorzeitig aus der Haft entlassen, Netflix drehte die Serie *How to Sell Drugs Online (Fast)*, die auf seinem Leben beruht, sowie die Dokumentation *The Teenage Drug Lord*. Im März 2021 wurde erneut ein Ermittlungsverfahren gegen Shiny Flakes eröffnet. Der Verdacht: erneuter Drogenhandel. Noch im Gefängnis soll er einen neuen Shop eröffnet und sich von dort aus um die Abwicklung der Geschäfte gekümmert haben.

5 Geld, das unbekannte Wesen

Jetzt kennst du zwei Beispiele, wie man viel Geld verdient. Entweder planbar und schnell wie Shiny Flakes. Oder, wie Steve Jobs, schnell und legal. Der dritte Weg, den ich für den besten halte (weil er für jeden offen ist!), ist schwieriger. Wir brauchen schließlich dieses ganze Buch, um den Weg zum Reichtum zu erklären, der legal und für jeden planbar ist – unabhängig vom Startkapital und auch für diejenigen, die keine Idee im Kopf haben, die die ganze Welt verändern wird.

Das einzig Blöde an diesem Weg ist: Er dauert. Monate, Jahre, Jahrzehnte. Um so einen Weg zu gehen, brauchen wir ein solides Fundament. Du musst wissen, was du tust. Verstehen, worin du investiert. Draufhaben, warum du eigentlich viel Geld haben willst. Und, nun ja, wissen, was das eigentlich ist, das du haben willst: Was ist Geld eigentlich?

Eigentlich ist Geld etwas ziemlich Seltsames. Es ist echt schwer zu erklären, was Geld wirklich ist und wie es entstanden ist. Das liegt vor allem daran, dass es Geld in der Natur nicht gibt. Obwohl so gut wie alles, was du täglich tust, mit Geld zu tun hat, ist das Geld dennoch nichts Universelles wie die Schwerkraft, das Wetter oder die Tatsache, dass abends die Sonne untergeht und am nächsten Morgen wieder auf. Geld betrifft ausschließlich die Welt der Menschen. Tiger verhandeln nicht mit Antilopen darüber, zu welchem Preis sie einmal kräftig in ihren Hals beißen dürfen. Die Enten am

See bieten dir keine Fünf-Euro-Scheine an, damit du ihnen etwas von deiner Laugenbrezel zuwirfst. Menschen zahlen Pferden keinen Stundenlohn dafür, dass sie ihnen Sattel und Geschirr umlegen, um auf ihnen zu reiten. Es gibt auch keinen Herrscher über die Ozeane, den wir für all die Fische bezahlen, die wir darin fangen. Es gibt keinen, dem die Luft gehört und dem wir Schmerzensgeld bezahlen, wenn unsere Fabriken giftigen Rauch hineinblasen. Die Sonnenstrahlen, Wind oder Ebbe und Flut kosten Menschen erst mal: nichts. Man muss keine Euro-Scheine in die Erde stecken, damit die Natur weiterläuft.

Menschen benutzen Geld für Geschäfte zwischen Menschen. Sie haben sich darauf geeinigt, Geld gegen Waren und Dienstleistungen einzutauschen. Kleine Beträge gegen kleine Dinge, große gegen große. Ein Euro für ein Brötchen, 100 000 Euro für ein Auto der Spitzenklasse.

Das sind die ersten beiden Funktionen von Geld. Erstens: Es ist ein Tauschmittel. Zweitens: Man kann damit den Wert angeben, den Menschen Dingen zuweisen. Geld ist eine Recheneinheit. Ein Mercedes-AMG kostet mehr als ein Smart oder ein Brötchen, weil sich viele Menschen darauf einigen, dass das fair ist. Dazu kommt, drittens, Geld kann Werte aufbewahren. Du kannst es sparen, vermehren und seinen Wert in Form von Banknoten oder einer Zahl im Online-Banking bunkern.

Wenn Menschen miteinander handeln, muss Geld oft alle drei Funktionen – Tauschmittel, Recheneinheit, Wertaufbewahrung – nacheinander oder gleichzeitig erfüllen.

Die einfachste Form eines Geschäfts ist, wenn der eine etwas hat, was der andere nicht hat, aber gerne haben will. Eine Möglichkeit der Abwicklung wäre: Gewalt. Raub. Erpressung. Das Gesetz des Stärkeren. Kann man schon so machen. Nämlich exakt ein Mal. Wer betrügt, raubt und schlägt, dem vertraut man nicht. Schlimmer noch: Er kommt erst vor Gericht und dann ins Gefängnis. Dann handelt man lieber mit jemandem, der einem zur Begrüßung die Hand gibt, lächelt und einem keinen Dolch in den Rücken stößt, wenn man wieder rausgeht.

Wie kriegt man es aber hin, dass nach dem Deal beide zufrieden sind? Vielleicht so: Der, der etwas will, was ihm fehlt, fragt mal zurück: »Was habe ich denn, was du gern hättest? Was kann ich dir dafür geben?« Und richtig spannend wird es, wenn es um Dinge geht, die beide nicht nur einmalig wollen – sondern regelmäßig.

6 Ohne Geld gehört alles allen. Oder nichts niemandem

Eins vorweg: Jetzt wird's historisch. Im Schnelldurchlauf geht's ab hier durch rund 100 000 Jahre Menschheitsgeschichte. Geld war dabei, als die Menschen von herumziehenden Nomaden zu sesshaften Bauern wurden und das erste Getreide anbauten. Als sie die ersten Tiere züchteten und lernten, wie man von ihnen Milch, Fleisch oder Felle bekommt. Geld war dabei, als die Pyramiden gebaut wurden. Als das Fahrrad und das iPhone erfunden wurden. Es hat Hungersnöte verursacht und beendet. Staaten haben es reguliert, verteilt und missbraucht. Geld hat Kriege verursacht und Frieden ermöglicht. Es hat seine Form geändert: von den ersten Muscheln über Münzen und Geldscheine zur digitalen Kryptowährung. Davon handeln die folgenden Seiten, die wirklich spannend sind. Also für mich. Ich bin aber auch ein Geschichtsnerd. Das musst du nicht sein. Ich habe versucht, möglichst viel wegzulassen, was den Geschichtsunterricht oft so öde macht: Jahreszahlen, ewig lange Listen von Herrscherfamilien und so weiter und so fort. Wie eine Soße habe ich 100 000 Jahre Menschheits- und Geldgeschichte so lange eingekocht, bis daraus ein dickflüssiges und leckeres Ragù alla Bolognese geworden ist. Ich würde mich riesig freuen, wenn du es probierst. Die nächsten Seiten schildern die Geschichte des Geldes so ausführlich, weil ich daran glaube, dass man eine Soße erst so richtig wertschätzen kann, wenn man zumindest grundlegend Bescheid weiß, aus welchen Zutaten sie besteht. Wenn du aber entschieden und ehrlich sagst: »Ich weiß, dass mir Spaghetti bolognese nicht schmecken, und ich weiß, dass mich nichts weniger interessiert als Geschichte«, – okay! Dann lesen wir uns auf Seite 52 wieder. In der Gegenwart des Geldes. Und am Anfang deines Weges zum Reichtum. Alle anderen bleiben hier dran.

Also: Drehen wir die Zeit einmal zurück. Drehen wir sie so lange rückwärts, bis wir dort ankommen, wo Menschen noch als Nomaden umherzogen und nur zeitweise in Höhlen, Bäumen oder den Vorläufern von Häusern lebten. Zu dieser Zeit gab es kein Eigentum. Ein Speer gehörte allen. Der Fisch, den einer von ihnen damit erlegt hatte, auch. Was man hatte, wurde möglichst fair geteilt. Natürlich kann es sein, dass einer den anderen massiert oder ihm einen Kinnhaken verpasst hat, um ein paar Blaubeeren mehr zu bekommen oder ein Stück Mammut-Filet. Aber ich glaube nicht, dass die Höhlenmenschen sich gerne Geschenke gemacht haben. Freiwillig oder unfreiwillig. Dazu gab es einfach zu wenig von allem. Bis zur Erfindung des Supermarkts würden noch gut 100 000 Jahre vergehen. Was sie nicht selber sammelten und jagten, konnten sie weder im Spätkauf noch an der Nachttankstelle kaufen gehen. Selbst wenn diese Nomaden viel hatten, war es gerade genug, um zu überleben.

Insgesamt hatten diese Menschen ein ziemlich beschwerliches Leben. Umherziehen ist anstrengend, Höhlen kühlen im Winter irre schnell aus. Tagelang Mammuts oder Wildschweine jagen – das nervt und vielleicht stirbt dein bester Freund dabei.

Die Menschen wurden sesshaft und begannen, Häuser und Bauernhöfe zu bauen. Einer fing ein paar wilde Kühe ein, melkte sie und verfügte über Milch. Ein anderer baute Getreide an, machte daraus Mehl und konnte Brot backen. Die ersten Berufe entstanden: Bauer, Bäcker, Werkzeugmacher. Mit der Spezialisierung erwuchsen neue Probleme: Was bringen mir hundert Liter Milch, wenn ich nicht einmal ein Brot habe? Wie soll einer satt werden, der Profi darin ist, Hämmer und Sägen zu bauen, die er nicht essen kann? Anders als die Nomaden hatten diese Häuser-Bauernhof-Menschen nun viel von allem. Es war nur schlecht verteilt. Sie begannen, Waren und Dienstleistungen zu tauschen: Zwanzig Pfeile gegen ein Brot. Eine warme Decke gegen eine Ziege. Eine Kuh dafür, dass der Heiler einem die blutige Wunde am Bein versorgte.

Was aber gibt ein verwundeter Milchbauer dem Heiler, wenn der schon drei Liter Milch zu Hause hat? Der Heiler braucht nicht mehr Milch, als er trinken kann. Er braucht Kräuter, um Salben und Tränke herzustellen. Der Heiler könnte die Milch natürlich beim Kräuterhändler eintauschen. Aber was, wenn sein Kräuterhändler die Milch nicht annimmt, weil ihm Milch nicht schmeckt? Was, wenn der Kräuterhändler das Problem hat, dass es bei ihm zu Hause reinregnet – und der Zimmermann lieber auf sein Immunsystem vertraut, als den Salbeitee des Kräuterhändlers zu trinken? Spätestens an diesem Punkt merkt man, wie schwierig es sein kann, Waren gegen Waren zu tauschen. Geht das nicht auch leichter? Die Menschen erfanden etwas, das gleichzeitig Umweg und Abkürzung war. Sie erfanden: Geld.

7 Wie aus Muscheln, Perlen und Erbsen Geld wurde

Für einen bestimmten Betrag konnte man nun eine Kuh kaufen oder einen Zimmermann bitten, das Dach zu reparieren. Nichts wurde mehr direkt getauscht, sondern immer über den Umweg des Geldes. Der Vorteil für alle: Es war einfacher. Es ging schneller. Es war möglich, zielgenau seine Bedürfnisse zu erfüllen, indem man, simpel gesagt, shoppen ging.

Als Geld wurde dabei so ziemlich alles verwendet, was man sich vorstellen kann: Eine der ersten weitverbreiteten Währungen waren etwa die Gehäuse von Kauri-Schnecken im Alten China und in Afrika. Sie wurden auch Kauri-Muscheln genannt. Es gab Perlengeld, Erbsengeld, Geld aus Zähnen von Tieren oder ihren Knochen. Wichtig waren dabei zwei Dinge.

Erstens: Das, was man als Geld benutzte, durfte selbst keinen großen Wert haben. Dabei unterscheidet sich das Gehäuse einer Kauri-Schnecke nicht von einem 100-Euro-Schein. Der ist zwar 100 Euro *wert,* Papier und Tinte kosten in der Herstellung allerdings gerade einmal acht Cent.[4] Die Menschen einigten sich darauf, etwas als wertvoll zu akzeptieren, das für sich genommen keinen Wert hat.

Zweitens: Geld musste etwas sein, das nicht kaputtging. Es durfte nicht schimmeln oder verwelken. Es sollte nicht giftig oder gefährlich sein, sondern immer verfügbar und sich leicht transportieren lassen. Deshalb haben sich nie Blumen,

Tiger oder tonnenschwere Steinklötze als Währung durchgesetzt. Sondern anfangs eben: die Kauri-Schnecke. Ein paar Jahrhunderte ging das gut. So lange, bis die Menschen erneut genervt waren und sie sich, wieder einmal, fragten: Geht das nicht einfacher? Und: Irgendwie ist es unfair, dass ich jeden Tag meine 18 Stunden auf der Baustelle für den nächsten Tempel unseres Herrschers schufte, um meine 50 Schnecken zu bekommen – und der Fischer sie sich einfach aus dem Meer holt und mittags in der Hängematte liegt.

8 Die Erfindung der Münzen

In Sardes herrschte im 6. Jahrhundert vor Christus der letzte König des lydischen Reiches namens Krösus. Die Hauptstadt Sardes gibt es heute nicht mehr. Ihre Ruinen stehen in der heutigen Türkei. Aber Krösus hatte eine Idee, die ihn überdauern würde, weil sie die damalige Welt zutiefst veränderte. Er wollte das Geld einfacher und fairer machen. Dafür erfand er ein neues Zahlungsmittel: Münzen. Geprägt aus Metall. Wie die Schnecken im Alten China sollten die Münzen mehr *wert* sein als ihr Materialwert. Nur dieses Mal würde König Krösus sie prägen lassen. Seine Diener sollten sie an die Menschen verteilen und kontrollieren, dass die Lyder auch wirklich damit bezahlten. Der König war nun derjenige, der die Währung kontrollierte, Geld nun eine zentrale Aufgabe des Staates. Dem lydischen Reich brachte diese revolutionäre Idee wenig. Ein Krieg gegen die Perser wurde verloren, das lydische Reich aufgelöst. Das Einzige, was von ihm geblieben ist, ist diese bahnbrechende Idee: Der Staat sollte dafür sorgen, Geld zu erschaffen, es zu verteilen und zu kontrollieren. Von Krösus selbst bleibt uns noch sein Name. Er ist zum Sprichwort geworden. Wenn Menschen in meinem Alter Menschen in meinem Alter ärgern wollen, die reich sind und sich ein wenig zu viel darauf einbilden, sagt man: »Benimm dich nicht wie Krösus.«[5] Den hat, netter Nebeneffekt, seine Erfindung schon während seines Lebens unendlich reich gemacht. Ist aber auch kein Wunder, wenn man derjenige ist, der sich das mit dem Geld ausgedacht hat und maßgeblich seinen Wert bestimmte.

Alle großen Weltreiche dieser Zeit übernahmen die Idee der Münzen. Das Römische Reich, die Alten Griechen, die Osmanen. Diese Reiche überlebten allesamt länger als das Reich der Lyder. Auch weil sie verstanden: Wer das Geld hat, hat die Macht. Wer es prägen durfte, bestimmte auch, wie viel es wert war. Damals gab der Staat noch die Preise für Getreide oder Trauben vor. Indem Kaiser, Könige und Sultane gezielt Preise erhöhten oder senkten, konnten sie ganze Gesellschaften kontrollieren.

Christoph Kolumbus landete in Amerika, in Mainz erfand Johannes Gutenberg den Buchdruck. Die Pest rottete ein Drittel der Menschheit in Europa aus. Das Mittelalter endete. Die Welt veränderte sich. Die Münzen blieben. Sie wurden immer mehr. Besonders dort, wo heute Deutschland ist. Es gab damals keine zentrale Regierung für alle. Stattdessen gab es Dutzende kleine Staaten und Länder. Jede Fürstin oder jeder Herzog, überhaupt alle, die sich etwas auf sich einbildeten, erfanden ihre eigene Währung: Taler, Dukaten, Schilling, roter Heller, weißer Heller, schwarzer Heller und so weiter. Fürstinnen und Herzöge sind von Geburt an eitle Menschen. Deshalb waren sie der Überzeugung, dass ihre Währung besser ist als die nebenan. Wer in ihrem Territorium war, musste in ihrer Währung bezahlen. Händler und Reisende mussten ständig Geld tauschen und wurden in den Wechselstuben über den Tisch gezogen.[6]

9 Von vielen Währungen zu einer – von der Münze zum Schein

Als sich im Jahr 1871 einige dieser kleinen Staaten zum Deutschen Reich zusammenschließen wollten und sich einigen mussten, wer von ihnen jetzt die Regeln bestimmen sollte, ging es natürlich auch um Geld. Die Vertreter dieser Staaten brachten 119 verschiedene Münzen mit, mit denen bei ihnen bezahlt wurde. Tja, welche sollte man für alle nehmen? Fünf Jahre lang stritten sich die Vertreter. Am Ende einigten sie sich darauf, keine der bestehenden Währungen zu benutzen. Sie erfanden eine neue: die Mark, die später zur Reichsmark, zur Deutschen Mark und schließlich zum Euro wurde, den du heute kennst.

Alle diese Währungen haben gemeinsam, dass sie kleine Werte in kleinen Münzen angeben. Und große Werte in Form von: großen Scheinen. Die Menschen im neuen Deutschen Kaiserreich, die viel Geld hatten, erkannten sofort den entscheidenden Vorteil von bedrucktem Papier. Es war wahnsinnig leicht zu transportieren. Musste man vorher kiloschwere Säcke voller Münzen tragen, genügte nun ein handlicher Briefumschlag voller Scheine. Auch arme Menschen mochten das neue Geld. Besonders, seit Banknoten eingeführt wurden, mit denen sie auch etwas anfangen konnten. Zu Beginn war die kleinste Banknote ein 100-Mark-Schein – deutlich mehr, als ein Arbeiter im Monat verdiente. Mit der Einführung der 20- und 50-Mark-Scheine wurde die Währung von der breiten Bevölkerung zögerlich akzeptiert. Die sozialdemokratische (und damit den Arbeitern nahe) Zeitschrift »Vorwärts« blieb skeptisch und brachte noch im Jahr 1912 die Überschrift »Papier statt Lohn?«.

Die Wirtschaft wuchs kräftig im Deutschen Kaiserreich. Ein Grund war die gemeinsame Währung. Sie machte es leichter für alle, Waren und Dienstleistungen zu handeln. Ein weiterer Grund: die Gründung der Deutschen Reichsbank, einer zentralen Bank für das gesamte Reich. Die Bank vergab Kredite an Unternehmer, um ihnen den Ausbau ihrer Firmen zu erleichtern.[7]

10 Warum Krieg teuer ist – UND wer ihn bezahlen muss

Im Spätsommer 1914 begann der Erste Weltkrieg. Europa war in zwei Machtblöcke gespalten. Auf der einen Seite: das Deutsche Kaiserreich, Österreich-Ungarn und Italien. Auf der anderen Seite die sogenannte Entente: ein Zusammenschluss von Frankreich, Russland und Großbritannien.

Man kann darüber streiten, wer welche Schuld am Ausbruch dieses Krieges hatte. Historiker tun das seit über 100 Jahren und werden es wahrscheinlich auch in 100 Jahren noch tun.[8] Wenn es für dich in Ordnung ist, einigen wir uns für dieses Buch darauf, uns auf die wirtschaftlichen Auswirkungen des Kriegs zu beschränken.

Denn Krieg, egal, wer ihn anfängt, kostet neben unzähligen Menschenleben: wahnsinnig viel Geld. Man muss Panzer bauen, Gewehre, Kriegsschiffe und Millionen Schuss Munition. Feldküchen, in denen Soldaten versorgt werden. Helme, Stiefel, Benzinkanister. Wie soll ein Staat das alles bezahlen? Eine Möglichkeit: Steuern. Der Staat beteiligt alle Bürger an den Kosten, indem er die Abgaben für sie massiv erhöht. Das Problem: Die Deutschen wollten den Krieg nicht so unbedingt wie ihre Regierung. Sie hätten rebelliert, wenn man ihnen die Preise für Eier, Mehl, Zucker oder Bier erhöht hätte – um einen Krieg zu finanzieren, den sie nicht wollten. Die Regierung musste sich etwas anderes ausdenken. Wie sollte sie an Geld kommen, wenn sie es nicht von den Bürgerinnen und Bürgern bekam? Die Lösung: Kriegsanleihen. Die Idee dahinter ist, dass der Staat sich Geld gewissermaßen bei sich selbst leiht. Er nimmt Schulden vorwiegend bei der staatseigenen Reichsbank auf. Der Staat erschafft neues Geld. Einfach so. Ein bisschen ist es wie Magie: Aus nichts Neues erschaffen. Das ging in etwa so: Für 100 Panzer brauchen wir eine Million Reichsmark? Easy. Die Reichsbank gibt sie uns. Wir als Regierung versprechen einfach, dass wir sie nach dem Krieg zurückzahlen. Echt jetzt!

Aus Sicht der Regierung ging der Plan so: Kurzfristig verschulden wir uns bei unserer eigenen Staatsbank. Wir werden den Krieg gewinnen. Anschließend zwingen wir die Kriegsverlierer, uns das Geld zu ersetzen, das wir brauchten, um sie zu besiegen.[9] Auf diese Weise gab es immer mehr Geld in Deutschland – was nur wenig später eine Katastrophe auslösen sollte.

11 Das Jahr, in dem ein einziges Ei mehrere Milliarden Mark kostete

Das Deutsche Reich verlor den Krieg. Es gab niemanden, der die Schulden der Regierung bezahlen konnte. Das Deutsche Reich war pleite. Und das ganze neu erschaffene Geld hatte keinen Gegenwert in Waren. Noch schlimmer: Man hatte das Geld für Waffen ausgegeben, die großteils zerstört waren oder nun, in Friedenszeiten, niemand brauchte. Was sollte man daraus machen? Blumenbeete in ausrangierte Panzer pflanzen? Das Flaggschiff der Kaiserlichen Marine für Kreuzfahrten umbauen? Dazu kam: Um das Deutsche Reich wieder aufzubauen, vergab die Reichsbank weiterhin fleißig Kredite an Unternehmer. Sie erschuf Geld, Geld und noch mehr Geld. Ohne dass es einen Gegenwert gab. Das bedeutet: Jede Mark, die neu hinzukam, sorgte dafür, dass das Geld weniger wert war.

Sagen wir, die gesamte deutsche Wirtschaft – jede Fabrikhalle, jede Maschine, jedes Werkzeug und alle Brote, Würste und Glühbirnen – war vor dem Krieg eine Billion Mark wert. 1000 Milliarden Mark. Eine Million Millionen Mark. Eine völlig fiktive Zahl, aber wir nehmen sie jetzt einfach mal, um einen Eindruck zu bekommen, warum Kredite völlig ohne Gegenwert problematisch sind. Also: eine Billion Mark. Eine Eins mit zwölf Nullen. So viel war die deutsche Wirtschaft vor dem Krieg wert.

Erschafft man nun immer mehr Geld über Kredite, ohne

dass gleichzeitig neue Fabriken oder Würste entstehen, dann passiert etwas, was sehr schlecht ist: Die Dinge verlieren an Wert. Und zwar superschnell und sehr heftig. Vor dem Krieg war die deutsche Wirtschaft – alle Traktoren, Würste, Lebensmittelgeschäfte und so weiter – in unserem Beispiel eine Billion Mark wert. Nach dem Krieg hatte sie einen Wert von: einer einzigen Mark. (Das ist nicht einmal übertrieben. Seriöse Historiker sagen sogar, dass eine Mark nach dem Krieg ein Billionstel ihres vorherigen Wertes hatte!)[10]

Für die Menschen, die diesen Krieg nie gewollt hatten, bedeutete das: Alles, was sie zum Leben brauchten, wurde wahnsinnig, unendlich und unmenschlich teuer. Im November 1923 kostete ein Kilo Kartoffeln 80 Milliarden Mark. Ein Liter Milch 280 Milliarden Mark. Ein einziges Ei: 320 Milliarden.[11] Die Menschen bezahlten mit Schubkarren oder Koffern randvoll mit Geldscheinen. Es gab Hunger, Plünderungen und Randale. Die Menschen nahmen sich, was sie brauchten.

Dass Preise steigen, ist normal. Eine entfesselte Preisentwicklung nennt man Inflation. Wenn allerdings Preise dermaßen irre steigen, spricht man von Hyperinflation und das ist schlecht. Sehr schlecht. Denn: Die Mark konnte keine der drei Bedingungen erfüllen, die wir als grundlegend für Geld kennengelernt haben. Sie war kein Zahlungsmittel mehr, dem viele Menschen vertrauten. Dazu war es unmöglich, mit solchen Summen zu rechnen oder Geld sicher auf der Bank zu verstauen. Die Menschen und das gesamte gesellschaftliche Leben waren am Ende. Und mit ihnen: die Währung.

Die Menschen waren kurz davor, die Regierung zu stürzen. Es drohte nicht weniger als der Zusammenbruch der politischen Ordnung. In dieser Situation, mit dem Rücken zur Wand, erfand die neue Regierung: neues Geld. Das Ziel war, die Macht zu sichern und den Menschen wieder ein normales Leben zu ermöglichen. Die neue Rentenmark konnte man im Verhältnis von 1 : 1 000 000 000 000 umtauschen. Eine Billion Mark gegen eine Mark. Die neue Regierung verbot sich selbst, endlos Schulden bei der staatseigenen Reichsbank machen zu können. Die Währung stabilisierte sich. Die Wirtschaft stabilisierte sich. Und das Leben der Menschen mit ihr. Wenigstens für ein paar Jahre. Bis zur nächsten Krise.

Denn Geld, das war bereits vor hundert Jahren eine Sache, die einzelne Nationen längst nicht mehr allein kontrollieren konnten. Das Deutsche Reich war längst in die Weltwirtschaft eingebunden. Deshalb traf es die Menschen auch in deutschen Städten extrem hart, was am 25. Oktober 1929 gut 6000 Kilometer westlich passierte. Der sogenannte Schwarze Freitag an der Wall Street, der New Yorker Börse. Innerhalb eines Tages verloren die Aktien massiv an Wert. Die amerikanische Wirtschaft war zu diesem Zeitpunkt bereits stark von den Aktienkursen abhängig, weil viele US-Unternehmer dort Anteile an ihren Firmen zu Geld gemacht hatten. Sie verloren so gut wie alles. Das Wenige, was ihnen an Geld blieb, behielten sie von nun an im Land. Dennoch wurden Millionen Amerikaner arbeitslos. Was folgte, ging als »Große Depression«, eine mehrjährige, schwere Wirtschaftskrise, in die Geschichtsbücher ein.

Nachdem das Deutsche Reich und die dort ansässigen Unternehmen nicht mehr ungebremst die staatseigene Reichsbank anzapfen konnten, hatten sie sich das Geld in Amerika besorgt. Nach dem »Schwarzen Freitag« kündigten die Amerikaner die Kredite. Heißt: Sie wollten das Geld zurück, das sie den Deutschen geliehen hatten. Und zwar sofort. Und wieder passierte das, was nach dem Ende des Ersten Weltkriegs schon einmal passiert war: Das Deutsche Reich geriet in eine Wirtschaftskrise. Eine richtig, richtig schlimme – von der am Ende jemand noch viel Schlimmeres profitierte: Adolf Hitler. Seine Partei, die NSDAP, profitierte am meisten von der Wirtschaftskrise. Die Argumente gingen in etwa so: »Seht doch, was passiert, wenn ihr die Amerikaner um Geld fragt! Den deutschen Arbeitern geht es schlecht! Wählt uns! Und alles wird gut! Wir bauen die Wirtschaft wieder auf!«

Man muss das ganz klar sagen: Neben dem Hass auf andere Religionen, Herkünfte, sexuelle Vorlieben und so weiter war die NSDAP auch deshalb so erfolgreich, weil sie den Menschen Versprechen für eine wirtschaftlich goldene Zukunft machte.

Du weißt, wohin dieser Weg führte. In den Zweiten Weltkrieg (an dem das Deutsche Reich dieses Mal sehr eindeutig und allein schuld war). In die industrielle Massenvernichtung von Millionen Jüdinnen und Juden. In unendliches Leid in den Gebieten, die das Deutsche Reich überfiel, darunter Polen, Frankreich, den Balkan, die Sowjetunion und weitere Länder.

Wie das Kaiserreich im Ersten Weltkrieg finanzierten die

Nazis den Zweiten Weltkrieg über Kriegsanleihen. Sie erlaubten sich wieder, sich nahezu unendlich bei der staatseigenen Reichsbank zu bedienen.

Die Alliierten – also die USA, Großbritannien, Frankreich und die Sowjetunion – besiegten die Nazis. Nach Kriegsende war das Deutsche Reich zerstört – und pleite. Wieder einmal. Und dieses Mal hatte die selbstverschuldete Zerstörung ein Ausmaß erreicht, das das Deutsche Reich nicht selbst reparieren konnte. Es war auf Hilfe angewiesen. Ausgerechnet auf die Hilfe derjenigen, die es im Krieg besiegt hatten, vor allem: die USA und die Sowjetunion.

Zwei Deutschlands entstanden. Die Bundesrepublik im Westen und die Deutsche Demokratische Republik im Osten, in der ich gut dreißig Jahre später zur Welt kommen sollte. Die Staaten waren durch eine Grenze getrennt und voneinander abgeschirmt. Im Westen unterstützten die Alliierten den Aufbau der Deutschen Mark (DM). Im Osten führte die Sowjetunion die Mark der DDR ein.[12]

Das Wirtschaftssystem im Westen war der Kapitalismus, der darauf vertraute, dass sich Wirtschaft (und Menschen) am besten entwickeln, wenn es Privateigentum gibt und man Menschen möglichst viele Freiräume beim Handeln lässt. Der Staat sollte nur im Notfall eingreifen. Dieses System besteht im Kern bis heute.

12 Ein geeintes Europa mit einer gemeinsamen Währung

Im Herbst 1989 begannen die Menschen im Osten Deutschlands gegen die Regierung zu protestieren. Sie wollten Freiheit. Sie wollten wieder mit den Deutschen im Westen vereint sein. In der DDR-Regierung machte ein Bericht die Runde, der zusammengefasst besagte: Wir sind pleite. Von der Sowjetunion ist keine Hilfe zu erwarten. Wir müssen uns dem Westen zuwenden.[13] Und so geschah es. Am 31. August 1990 unterzeichneten Vertreter der Bundesrepublik und der DDR einen Vertrag, der die beiden Deutschlands wieder vereinte. Es gab keine Diskussion darüber, welche Währung die bessere war. In Ostdeutschland wurde die DM eingeführt. Das gemeinsame Geld wurde zu einem Symbol der Wiedervereinigung.

Nur zwei Jahre später unterzeichneten zwölf europäische Länder den Vertrag von Maastricht. Der sah unter anderem vor, wieder einmal eine neue Währung zu erfinden. Dieses Mal für ganz Europa. Es dauerte nur zehn Jahre, bis der Euro von einer Idee in einen Vertrag mündete und in Form von echten Münzen und Scheinen in den Portemonnaies der Österreicher, Belgier, Finnen, Franzosen, Deutschen, Griechen, Iren, Italiener, Luxemburger, Niederländer, Portugiesen und Spanier landete. Aus Lira, Francs, Gulden, Schillingen, Peseten (und vielen mehr) wurde am 1. Januar 2002 der Euro. Bis heute kamen noch sieben Länder hinzu: Estland, Lettland, Litauen, Malta, Slowakei, Slowenien und Zypern.

Und damit: Willkommen zurück in der Gegenwart! In der Welt, in der du Geld benutzt, wie du es kennst. In der es für dich selbstverständlich ist, bei deinem Dorfbäcker mit der gleichen Währung zu bezahlen wie in einer Bar in Paris, einem *Zara* in Bratislava oder bei *Starbucks* in Helsinki.

13 Die Zukunft ist nicht morgen. Sie ist jetzt

Was die Münzen des Mittelalters und die Euro-Scheine von heute gemeinsam haben: Es sind Staaten (oder Verbünde mehrerer Staaten), die sie erschaffen. Staaten sind die Einzigen, die Geld prägen und drucken dürfen. Nach Paragraf 146 und 147 des deutschen Strafgesetzbuches kommst du ins Gefängnis, wenn du selbst Geld herstellst oder damit bezahlst. Schon der Versuch, Falschgeld in Umlauf zu bringen, ist strafbar. Viele Drucker und Kopierer blockieren sogar, wenn du versuchst, Geldscheine darauf zu kopieren – keine Sorge, da geht keine Meldung direkt an die nächste Polizei. Lass es trotzdem.

Die Technik und das Recht hindern dich und alle anderen Menschen daran, euer eigenes Geld zu erschaffen. Jahrhundertelang akzeptierten die Menschen diese Regeln. Bis im Oktober 2008 ein gewisser Satoshi Nakamoto ein unscheinbares und gerade mal neun Seiten langes Dokument über eine Mailingliste verschickte: »Bitcoin: A Peer-to-Peer Electronic Cash System.«[14]

In diesem sogenannten Whitepaper träumt der Autor von einer ganz neuen Form von Geld, losgelöst von Staaten und Zentralbanken, die es drucken und verteilen.

SATOSHI NAKAMOTO – DAS PHANTOM

Der Autor? Vielleicht auch: die Autorin? Oder eine Gruppe von Menschen? Bis heute weiß niemand, wer sich hinter dem Pseudonym Satoshi Nakamoto verbirgt. Wer auch immer es ist: Die Idee ist nun in der Welt. Es ist der Traum einer unbestechlichen Währung fernab staatlichen Zugriffs, kontrolliert durch die Gesamtheit der Nutzer, die – als Gruppe – immun sind gegen menschliche Emotionen wie Gier oder Angst. So eine Währung wäre tatsächlich allen Währungen überlegen. Einige Menschen glauben sogar, dass eines Tages sämtliche Währungen der Welt – Euro, Dollar, Yen und so weiter – abgeschafft werden und durch Bitcoin ersetzt werden könnten. Vielleicht kommt es so. Vielleicht verschwindet Bitcoin. Vielleicht verschwinden alle Kryptowährungen wieder. Was man festhalten kann: Bitcoin ist mit Sicherheit eines der spannendsten Experimente mit Geld, die es derzeit gibt. Ob es sich für dich als Investment lohnt, dazu kommen wir später noch. (Siehe Seite 195.)

14 Warum ein Goldsteak mehr kostet als ein Apfel

Was Geld ist, woher es kommt und wie es sich ändert, haben wir jetzt geklärt. Falls du die letzten Seiten übersprungen hast, weil dich Geschichte langweilt: Du hast bloß Dutzende Formen von Geld, zwei Weltkriege, die deutsche und europäische Einigung und die Erfindung von Bitcoin verpasst – sicher, dass du nicht zurückspringen willst? Spaß beiseite. Die nächste Frage ist für deinen Alltag sowieso relevanter: Wie entscheidet sich eigentlich, welchen Wert etwas hat? Wie entsteht ein Preis? Warum kostet ein Apfel ein Euro und ein mit Gold ummanteltes Steak auch gerne mal 1000 Euro?

Ein Goldsteak und ein Apfel, beides sind Lebensmittel. Ein Apfel wächst an einem Baum, den man auf einer Plantage pflanzen und pflegen muss. Jemand muss die Äpfel pflücken, in Kartons packen und einen Versandsticker draufkleben. Im Supermarkt packt sie jemand ins Regal, an der Kasse bezahlst du dafür. Auch beim Steak. Rinder muss man züchten, aufziehen, versorgen, schlachten und in Stücke zerlegen. Ein Koch legt das Steak auf einen 800 Grad heißen Lavagrill, wickelt es – warum auch immer – in geschmackloses Blattgold ein, ein Kellner bringt es an den Tisch.

Warum kostet das Goldsteak trotzdem tausendmal so viel wie der Apfel? Ganz einfach: Weil einige Menschen bereit sind, mehr für ein solches Steak zu zahlen als für einen Apfel. Und weil es billiger ist, Äpfel massenhaft auf einer Plantage anzubauen, als Rinder aufzuziehen, die viel mehr Platz und Futter und Pflege brauchen als Äpfel. Vom Gold ganz zu schweigen.

Welcher Preis ist realistisch? Der ideale Preis für ein Produkt entsteht an dem Punkt, wo sich Angebot und Nachfrage treffen.

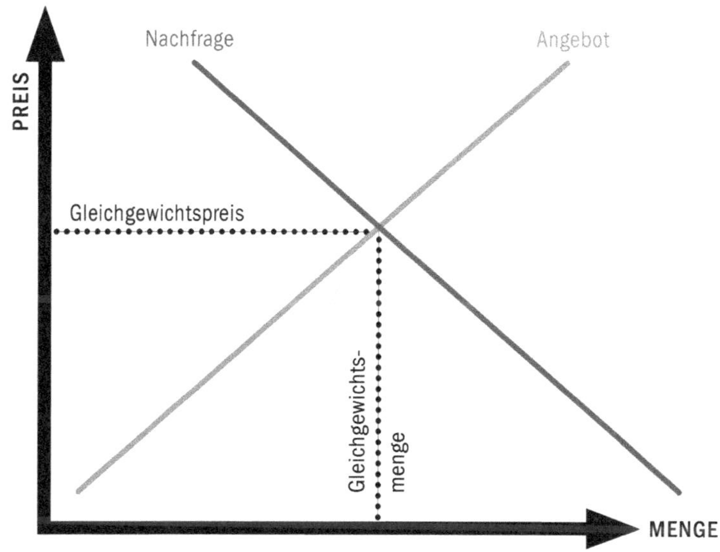

Preis-Mengen-Diagramm

Das Spannende daran ist: Weil es Menschen sind, die diese beiden Preise festlegen, kannst du als selbst denkender Mensch jeden Preis zu hoch oder zu niedrig finden. Auch du entscheidest mit, indem du bewertest, wie viel dir etwas *wert* ist. Welchen Preis bist du bereit zu zahlen? Wenn du denkst, ein iPhone ist zu teuer, musst du nur noch ein paar Millionen andere überzeugen, dass es wirklich zu teuer ist. Der Preis des iPhones wird sinken.

Eigentlich sind Preise eine sehr demokratische Sache. Die, die etwas anbieten, entscheiden gemeinsam mit denen, die etwas kaufen, wie viel es kostet.

Die teuerste Uhr der Welt hat der Juwelier Graff Diamonds in London erschaffen: die »Hallucination«. Sie besteht aus so vielen farbigen Edelsteinen, dass man das Zifferblatt aus pinken Diamanten so gut wie gar nicht mehr erkennen kann. Wer die »Hallucination« am Handgelenk tragen will, um darauf die Uhrzeit zu lesen (oder: damit wahnsinnig anzugeben), muss rund 50 Millionen Euro ausgeben.[15] 50 Millionen Euro! Für eine Uhr!

Aber solange es jemanden gibt, der einen Preis bezahlt, ist es erlaubt und möglich, für jedes Produkt theoretisch jeden Preis zu verlangen. Dieses Prinzip nennt man: Angebot und Nachfrage. Wenn das Angebot steigt und die Nachfrage bleibt oder sinkt – dann sinken Preise. Wenn das Angebot sinkt und die Nachfrage bleibt oder steigt – dann steigen Preise. Wenn wir verstehen, wie diese beiden Phänomene zusammen- oder gegeneinanderwirken, verstehen wir, wie ein Preis *entsteht.*

Wir wissen jetzt: Jeder darf für etwas, das er besitzt, einen Preis aufrufen, den er für richtig hält. Ein Uhrmacher kann sagen: »Meine Uhr kostet 50 Millionen Euro. Nehmt sie oder lasst es.« Ein Apfelbauer hat das Recht, 1000 Euro für einen Apfel zu verlangen. Genauso kann ein Restaurantbetreiber ein Steak vom Kobe-Rind, das wohl beste Fleisch der Welt, mit Blattgold ummanteln – und es verschenken. Wenn ich jemanden auf der Straße anspreche, um zu fragen, welche Uhrzeit wir haben, kann er mir die Information vorenthalten, bis ich ihm 50 Euro dafür gebe. Und wenn du es möchtest, kannst du die Socken, die du jetzt gerade anhast, ins Internet stellen und dafür eine Million Euro verlangen. Niemand kann dich daran hindern. Die Frage ist: Möchte jemand eine Uhr für 50 Millionen Euro oder einen Apfel für 1000 Euro kaufen? Würde jemand lieber deine alten Socken für eine Million kaufen oder eher ein Goldsteak geschenkt haben?

Ehrlich gesagt: Die Antwort ist nicht so eindeutig, wie du denkst. Es gibt kein eindeutiges »Ja« zur 50-Millionen-Euro-Uhr. Aber, immerhin, auch kein eindeutiges »Nein« dazu, dass dir jemand deine alten Socken für eine Million Euro abkauft. Nach dem grundlegenden Prinzip von Angebot und Nachfrage braucht es nur noch jemanden, der sagt: »Wow! Es gibt nichts, was ich dringender auf dieser Welt brauche als diese alten Socken!« Er oder sie könnte die Socken zum Beispiel einrahmen und als Kunstwerk deklarieren. Vielleicht werden sie in ein paar Jahren für mehrere Millionen Euro versteigert?

Nur die Chance, dass ausgerechnet heute jemand ausgerechnet deine Socken haben, geschweige denn sie als Kunstwerk ausgeben will, ist ausgesprochen gering. Sorry! Denn ein wichtiger Aspekt fehlt noch: das Timing. Es ist durchaus möglich, dass es in der Vergangenheit mal jemanden gab, der sich auf dein, nun ja, sehr verlockendes Angebot mit den alten Socken eingelassen hätte. Es ist auch möglich, dass es in den nächsten 100 000 Jahren jemanden geben wird.

15 Kaufen und verkaufen forever

Neben Angebot und Nachfrage, aus denen sich ein Preis entwickelt, gibt es noch eine weitere Grundlage beim Handeln. Quasi den nächsten Schritt: Kaufen und verkaufen. Das war's schon. Egal, ob du vor 5000 Jahren deine Schweine zum Markt getrieben hast oder ob du heute deine alte Playstation auf dem Flohmarkt verkaufst, dir dabei im Winter die Finger abfrierst oder am Ende einen Sonnenstich hast, weil der Flohmarkt ausgerechnet am heißesten Tag des Jahres stattfindet.

Du hast etwas, das du verkaufen möchtest. Es gibt Menschen, die etwas kaufen möchten. Ihr trefft euch auf dem Flohmarkt und im besten Fall macht ihr ein Geschäft. Kaufen und verkaufen. Prinzipiell funktioniert der Handel deiner alten Playstation genauso wie die Übernahme eines Multi-Milliarden-Dollar-Unternehmens, das in der obersten Etage eines Wolkenkratzers verhandelt wird. Einer verkauft, einer kauft. So einfach ist das.

1585

In Frankfurt am Main fanden sich Kaufleute zusammen, um einheitliche Wechselkurse festzulegen. Dieses Ereignis war die Geburtsstunde der Frankfurter Wertpapierbörse, die bis heute existiert und als Zentrum der deutschen Finanzwirtschaft gilt.[16]

1637

Im goldenen Zeitalter der Niederlande waren viele wohlhabende Menschen verrückt nach Tulpen, die zu horrenden Preisen gehandelt wurden. Bis die Blase platzte und es so zum ersten Börsencrash der Weltgeschichte kam.[17]

1792

An der New Yorker Wall Street wurden die ersten Aktien gehandelt.[18]

1847

In Chicago wurde die weltälteste Terminbörse »Chicago Board of Trade« gegründet. Amerikanische Händler sorgten sich, es könne an Käufern bzw. Verkäufern für Rohstoffe mangeln. Deshalb entwickelten sie Termingeschäftsverträge, insbesondere für Agrarprodukte wie Getreide oder Schweinebäuche.[19]

1993

An der neuen Strombörse Nord Pool AS in Oslo (Norwegen) handeln viele europäische Länder mit Strom, Gas und Öl.

16 Vom Flohmarkt zur Echtzeitbörse

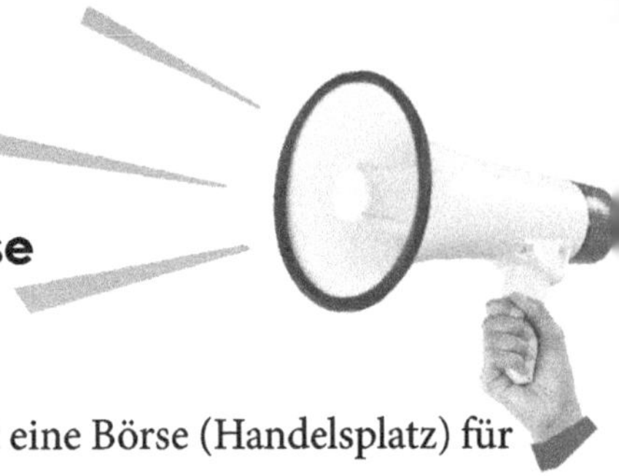

Die Wall Street in New York ist eine Börse (Handelsplatz) für Aktien (Firmenanteile). Die Börse funktioniert dabei fast genauso wie ein Flohmarkt, auf dem du deine Playstation verkaufst (siehe auch Seite 113). Dein Vorteil ist: Anders als zum Flohmarkt musst du die Playstation nicht zur Wall Street tragen. Du schreibst dir zu Hause einen Zettel, den du rechtskräftig unterschreibst: »Hiermit versichere ich, dass ich eine Playstation besitze.« Diese Besitzurkunde nimmst du mit zur Wall Street, atmest tief, sehr tief ein und schreist, so laut du kannst: »WER WILL MEINE PLAYSTATION KAUFEN?« Du forderst die Händler auf, dir ein Angebot zu machen. Vielleicht guckt ein übel gestresster Broker (Börsenhändler) einmal von seinen Instant-Asia-Nudeln hoch. Vielleicht fällt ihm in diesem Moment ein, dass er vor lauter Arbeit den Geburtstag seiner Tochter vergessen hat. Schon wieder! Er braucht jetzt schnell was. Deine Playstation? Perfekt! Er spricht dich an. Ihr verhandelt und einigt euch auf einen Preis. Weil du ein sehr gutes Produkt hast und der Broker sehr verzweifelt nach einem Geschenk sucht, kannst du ihn richtig bluten lassen. (Das ist übrigens auch der Grund, warum am Flughafen alles so teuer ist. Es gibt eine hohe Nachfrage und ein sehr kleines Angebot.) Nachdem der Broker und du euch auf einen unverschämt hohen Preis geeinigt habt, übergibst du ihm deine Playstation-Besitzurkunde.

Zwei Stunden später holt ein Kurier die Playstation bei dir zu Hause ab. Du hast richtig gutes Geld verdient (Glückwunsch!), der Broker hat ein Geschenk für seine Tochter. Die Börse bekommt einen Minibetrag ab, weil ihr das Geschäft dort abgewickelt habt. Alle sind glücklich.

Das klappt, weil die drei Beteiligten sich vertrauen: du, der Broker und die Börse. Alle spielen nach den Regeln, die die Betreiber der Börse aufgestellt haben und die oftmals zusätzlich vom Staat überwacht werden. Die Wertpapierbörse in Frankfurt am Main etwa wird vom Hessischen Wirtschaftsministerium als Kontrollorgan oder Schiedsrichter überwacht. Staat, Börsenbetreiber und alle, die an der Börse handeln, halten sich an ein ultrakomplexes Regelwerk, das auf Tausenden Seiten ein einziges Ziel formuliert: Keiner verarscht die anderen.

Wo die erste Börse der Welt steht, kann ich dir nicht sagen. Nicht, weil es ein sagenumwobenes Geheimnis wäre. Es weiß einfach niemand genau. Lange war man sicher, die erste Börse entstand in Amsterdam. Mittlerweile gilt Brügge als wahrscheinlicher.[20] Klar ist, dass die älteste Börse – wo auch immer sie nun ist – auf die Antwerper Kaufmannsfamilie Van der Beurse zurückgeht. In deren Haus, unter dem Familienwappen mit den drei Geldbeuteln, trafen sich vor 600 Jahren regelmäßig Kaufleute zum gemeinsamen Essen. Dabei machten sie Deals. Die Geschäfte im Hause Beurse liefen so gut, dass bald in Belgien, später auch in den Niederlanden und schließlich in ganz Europa von »Beurse machen« gesprochen wurde. Überall in Europa wurden Börsen eröffnet. Für alles Mögliche, was du dir vorstellen kannst.

In der Tagesschau hast du vielleicht schon einmal die Börse in Frankfurt am Main gesehen. Aus Filmen wie *Wolf of Wall Street* kennst du vielleicht das *Parkett* der Wall Street. Ein Ort, an dem sehr viele Leute in sehr teuren Anzügen durcheinanderschreien: »KAUFEN, VERKAUFEN, KAUFEN!« Überall Computer und Telefone, in die noch mehr geschrien wird: »KAUFEN, VERKAUFEN, KAUFEN!« Früher war es tatsächlich so, dass vor Ort, auf dem sogenannten Parkett, gehandelt wurde. Mittlerweile ist es eher so, dass das Parkett eine Art Museum ist. An der Wall Street werden nur noch sehr wenige Geschäfte so abgewickelt, in Frankfurt am Main einigte man sich schon im Jahr 2011 das letzte Mal durch gegenseitiges Anschreien auf »KAUFEN! VERKAUFEN! KAUFEN«![21]

Längst wird zu einem überwältigenden Teil über Computer gehandelt. Die Digitalisierung hat das Handeln von Aktien (Firmenanteilen) völlig verändert. Früher wurden Aktien jahrelang gehalten, mittlerweile ist es möglich, sie innerhalb von Sekundenbruchteilen zu kaufen und zu verkaufen. Was das soll? Gute Frage. Ich kann es dir nicht sagen. Weil ich es nicht verstehe. Dieser sogenannte Echtzeithandel ist zwar legal und seriös. Aber welchen Mehrwert (außer ein paar Dollar) es generieren soll, eine Aktie für Sekundenbruchteile zu halten und von einem Computer automatisiert weiterzuverkaufen, sobald der Kurs um 0,0000000001 Prozent gestiegen ist, ist unklar. Langfristig und tiefgreifend profitiert davon niemand.

Egal also, ob ein Marktplatz im antiken Rom, ein Flohmarkt in deiner Gegenwart oder Echtzeithandel an der Wall

Street in New York – das Prinzip von Kaufen und Verkaufen ist immer gleich: Einer hat was, einer will was. So ist es seit Jahrtausenden, in denen sich nichts geändert hat. Obwohl: Dass man Welthandel vom Homeoffice aus betreiben kann – das ging vor dem Internet noch nicht so gut.

17 Der Marsblick

Die meisten Investoren, also Personen, die Geld anlegen, sich zum Beispiel an Unternehmen beteiligen, denken regional. Ihr Horizont umfasst selten mehr als, sagen wir, 500 oder 1000 Kilometer – das gilt für Anfänger wie Profis. Der typische Deutsche etwa denkt bei Aktien an den DAX, den Deutschen Aktienindex.

Was ich dir dazu erst mal sagen will: Wenn man alle 40 Unternehmen im DAX zusammennimmt, hat man einen Großteil der deutschen Wirtschaft abgebildet. Dieser Index ist so etwas wie die Tabelle der Fußball-Bundesliga. Darin wird angegeben, wer in der ersten Liga der Aktien spielt. Welche Unternehmen die wertvollsten sind. An jedem Tag wird der Punktestand angegeben. Und an jedem Tag werden, das ist der Unterschied zur Bundesligatabelle, alle Punkte zusammengerechnet, um zu zeigen, wie stark die gesamte Liga gerade ist. Wenn man sich diese Gesamtpunktzahl anschaut, hat man einen groben Überblick, wie es der deutschen Wirtschaft geht. Okay. Aber all diese Unternehmen sind zusammengenommen weniger wert als Apple. Der DAX bildet also nur einen Mini-Mini-Mini-Teil der Weltwirtschaft ab. Seltsamerweise wird in Deutschland fast nur über den DAX geredet. Dabei ist Deutschland, gerade wenn es um Finanzen geht, nicht der Mittelpunkt der Welt. Es ist vielmehr verstrickt in ein Netz von Geldströmen, die um die ganze Welt fließen.

Du hast einen großen Vorsprung gegenüber allen, Amateuren wie Profis, wenn du diesen Deutschland-Blick schon zu Beginn ablegst. Wenn du anfängst, in größeren Dimensionen zu denken. Stell dir vor, du stehst auf dem Mars und schaust auf die Erde. Wie groß ist Deutschland? Ich wette, du erkennst es nicht mal. Wenn du die Möglichkeit hast, auf der ganzen Welt zu investieren, warum dann ausgerechnet auf diesem Mini-Mini-Mini-Fleck namens Deutschland, der – wirklich rein zufällig – dort ist, wo du lebst. Weiterer Vorteil: Vom Mars sehen die Probleme kleiner aus, als sie auf der Erde scheinen. Aber vom Mars sieht man vor allem die Möglichkeiten, die man hat, wenn man die ganze Erde in den Blick nimmt.

Den Marsblick habe ich nicht erfunden, den habe ich mir abgeschaut. Von einem, der das schon gut 500 Jahre vor deiner und meiner Geburt verstanden hat: Die ganze Erde ist ein Markt, auf dem ich investieren und reich werden kann. Er hatte den Marsblick. Obwohl oder gerade weil er – wirklich rein zufällig – im idyllischen Augsburg in Bayern auf die Welt gekommen ist.

JAKOB FUGGER –
der Mann, der den ersten Weltkonzern aufbaute

Am 6. März 1459 geboren, schaffte es Jakob Fugger innerhalb weniger Jahre, ein kleines Familienunternehmen zum ersten Weltkonzern der Geschichte auszubauen. Statt weiter kleine Geschäfte in Bayern abzuwickeln, dachte sich Jakob Fugger: »Warum soll ich nicht mit der ganzen Welt handeln?« Es begann mit Baumwolle aus Italien, später stieg er bei Gold- und Silberminen ein, in den Handel mit Quecksilber und Zinnober und vor allem: in den Abbau von Kupfer, eines der wichtigsten Materialien in der Metallverarbeitung. Fugger eröffnete und kaufte zahlreiche Minen in Tirol, Ungarn und Slowenien. Innerhalb weniger Jahre wurde Fugger zu einem Monopolisten, heißt: Wenn irgendjemand auf der Welt Metalle und Bodenschätze haben wollte, musste er sie bei ihm kaufen. Neben den Metallen begann Fugger mit Gewürzen wie Nelken, Pfeffer und Zimt zu handeln, die er aus Indien importierte. Als drittes Standbein verlieh Fugger Geld. Er vergab Kredite nach Skandinavien, Spanien und Russland, an den Papst und so gut wie alle weltlichen Herrscher. Jakob Fugger hielt nicht nur das Monopol auf Edelmetalle, sondern wurde auch noch zum mächtigsten Banker der Welt. Fugger gilt als – mit Abstand – reichster Mann des 16. Jahrhunderts. Diesen unvorstellbaren Reichtum erreichte er, weil er die Chance seiner Zeit als einer der Ersten verstand: mit der ganzen Welt zu handeln statt nur auf dem Wochenmarkt.

18 Dein erster Deal

Am Anfang dieses Kapitels habe ich gesagt, dass die Welt ungerecht, gemein und böse ist. Ich musste dir ein paar bittere Wahrheiten auftischen. Deine Rente, die dir der Staat noch so groß verspricht: Sie wird nicht reichen, damit du sorgenfrei alt werden kannst. Früher war alles besser, als deine Eltern zum Beispiel noch Megazinsen auf ihr Girokonto bekommen haben. Heute ist alles schlecht und du bekommst kaum noch Zinsen. Wir haben uns mit der Geschichte von Geld beschäftigt und gesehen, wie es das Beste, aber auch das Schlechteste aus den Menschen herauskitzelt.

Um das einmal klarzustellen: Geld an sich ist nicht gut. Es ist auch nicht schlecht. Es kommt nur darauf an, was Menschen wie du und ich daraus machen.

Ich habe dir zu Beginn des Buchs auch versprochen: Die Welt ist flauschig, schön und voller Möglichkeiten. Du hast ein Smartphone, das dich schlauer macht als all deine Vorfahren zusammen. Du kannst alles googeln. Du hast Zugang zu jeder Information dieser Welt. Bloß, was nützt dir dieses Wissen, wenn du nicht weißt, was du damit anfangen sollst? Also: Jetzt – endlich! – wollen wir damit anfangen, die Millionen Möglichkeiten zu deiner ersten Million kennenzulernen.

Reich werden ist ein Marathon. Es sei denn, man ist Steve Jobs und hat eine Idee, nach der die Welt verrückt ist. Es sei denn, man ist Shiny Flakes und zieht innerhalb von Monaten einen Multi-Millionen-Dollar-Drogenhandel auf. Die beiden sind zum Reichtum gesprintet. Einer hatte viel Glück und gutes Timing, einer landete wegen seiner Geschäfte im Knast. Für die meisten von uns, die wir weder Genies noch Kriminelle sind, bleibt nur eine Möglichkeit. Und das ist, uns den Weg zum Reichtum wie einen Marathon vorzustellen. Das Einzige, was ein Marathon mit einem Sprint gemeinsam hat: Der erste Schritt ist der wichtigste.

Wie also kommst du an deine ersten 100 Euro? Lass sie dir nicht schenken. Verdien sie selbst. Wenn du es schaffst, deine ersten 100 Euro selbst zu verdienen, hast du die wichtigste Grundlage für die erste Million schon geschafft. Das Prinzip beim Geldverdienen bleibt nämlich gleich. Für dich. Für mich. Für alle. Und das seit Jahrtausenden. Die Prinzipien kennst du schon: Kaufen und verkaufen. Angebot und Nachfrage. Gewinn durch Handel.

Bestimmt hast du schon mal in einer Dokumentation über einen sehr reichen Menschen gesehen, dass er seinen ersten selbst verdienten Dollar (oder die ersten fünf Euro) in einen Bilderrahmen gesteckt hat. Wenn du glaubst, dass dich das motiviert, mach es genauso. Wenn du es albern findest, lass es. In diesem Buch geht es vor allem darum, dass du deinen persönlichen Stil findest, wenn du reicher als deine Eltern werden willst. Allerdings glaube ich, dass es zumindest keine bessere Metapher für den Stolz auf das erste selbst verdiente Geld gibt als ein Schein in einem Bilderrahmen.

Wie fängst du an, wenn ich sage, du sollst dir die ersten 100 Euro nicht schenken lassen, sondern selbst verdienen?

Ohne Startkapital oder wenn (noch) die Idee für das weltverändernde Start-up fehlt.

Hör in dich rein: Womit beschäftigst du dich wirklich gerne? Was kannst du besser als andere? Worüber weißt du mehr? Wenn du das herausgefunden hast, hast du die Grundlage für deinen ersten Businessplan.

Wenn du zum Beispiel gerne an Fahrrädern rumschraubst, nimm dir eins vom Sperrmüll mit. Mach es fit, verkauf es auf dem Flohmarkt. Mach Gewinn und investiere ihn direkt vor Ort in zwei weitere Schrotträder. Mach sie fit, verkauf sie, kauf Nachschub und von vorne.

Wenn du Hunde oder Babys magst, mach einen Aushang in deiner Nachbarschaft (oder im Internet) und biete an, gestressten Eltern oder Hundehaltern ihre Lieblinge kurzzeitig abzunehmen.

Vielleicht interessierst du dich für limitierte Editionen von Sneakern und hast Monate für den anstehenden Drop gespart. Lass ihn aus. Warte auf den nächsten und spar in der Zwischenzeit weiter. Wenn es so weit ist, stellst du dich nachts um drei Uhr vor den Laden. Du kaufst zwei Paar. Eins für dich. Eins stellst du noch auf dem Heimweg zum Verkauf ins Internet. Mit Sicherheit hatte irgendwer irgendwo keine Lust, morgens um drei vor dem Laden zu stehen, aber will unbedingt diese Schuhe. Verkauf ihm dein zweites Paar – mit einem Aufschlag, schließlich bist du aufgestanden. Am Ende kriegst du geile Sneaker, jemand anderes kriegt auch geile Sneaker – und du hast Gewinn gemacht.

Vielleicht kennen deine Eltern Handwerker oder Künstler?

Wenn du coden kannst (oder zumindest einen Website-Builder bedienen), programmier denen eine kleine Website, die nicht aussieht, als hätten die 90er-Jahre sie ausgekotzt. Wenn du dich gern damit beschäftigst, wie Ernährung den Körper beeinflusst, wie aus Hähnchen, Brokkoli oder Chips möglichst viel Muskelmasse und möglichst wenig Bauchspeck werden – schreib anderen einen Diätplan. Zum Freundschaftspreis, versteht sich.

Vielleicht magst du aber auch richtig schräge Animes, hast alles gesehen (im japanischen O-Ton natürlich) und es nervt dich, dass deine Freunde mit deinen Empfehlungen absolut nichts anfangen können. Schreib einen Newsletter! Starte einen Podcast! Das kostet dich nichts außer Zeit. Mach das ein paar Monate umsonst, bau dir eine kleine treue Community auf, bis du Geld für Premium-Inhalte verlangen oder sie um Mini-Spenden bitten kannst.

Das ist natürlich der Idealfall. Der ist nicht immer realistisch. Es ist genauso ehrenhaft, Geld mit etwas zu verdienen, was du nicht magst. Natürlich kannst du etwas machen, was gutes Geld bringt, aber wenig Spaß. Auch so kannst du dir deine ersten 100 Euro erarbeiten. Es macht nur weniger Spaß. Deshalb fällt es dir auch schwerer, dich dafür zu motivieren. Es geht aber trotzdem.

Und wenn du im Supermarkt Regale einräumst, in einem Café kellnerst oder Pizza ausfährst – ist das ehrliche Arbeit. Aber vielleicht bist du nicht so leidenschaftlich dabei. Versuch doch, deinen Supermarkt, dein Café oder die Pizzeria im Detail zu verstehen: Wie viel kostet die Portion Käse, die du auf eine Pizza Margarita streust? Warum wird die Pizza teurer, wenn du Edelkäse oder Salami drauf verteilst? Wie entsteht der Preis und wie teuer muss die Pizza für den Kunden sein, damit dein Chef und du ein gutes Geschäft machen? Was für Menschen bestellen oft Pizza? Zu welcher Uhrzeit, an welchem Wochenende? Steigt die Nachfrage im Winter oder wenn gerade eine Fußball-WM stattfindet? Wo kriegst du mehr Trinkgeld: im Studentenwohnheim oder in der Villengegend? Versteh deinen Aushilfsjob als erste Lektion in angewandter Wirtschaftswissenschaft: Wie entsteht ein Angebot, also die Pizza? Wie entsteht Nachfrage, also der Wunsch derjenigen, die sie bestellen? Wie beeinflusst das eine das andere?

Ich selbst habe meine ersten Deals in der Kneipe gemacht. Als ich im »Kiebitz« am Bahnhof in Lauda-Königshofen gekellnert habe. Ich wollte nicht einfach nur Biere ausschenken und mich dafür bezahlen lassen, dass ich Menschen besoffen machte. Das war zwar lustig. Sehr sogar. Aber spannender fand ich, diese abgeschottete Welt der Kneipe als Abbild des großen Ganzen zu verstehen. Nämlich: Wie und wofür die Menschen gerne Geld ausgeben – und was ich, ein einfacher Kellner, damit zu tun hatte.

Die Gastronomie ist dafür eine großartige Schule. In Cafés, Kneipen oder dem Grillwagen arbeitest du an einem Ort, an dem Menschen gerne Geld ausgeben. Sie haben mehr Spaß daran, ein Bier zu bestellen, eine Pasta oder eine Bowl, als daran, einen Strafzettel zu zahlen.

In der Gastronomie herrscht richtig Betrieb, die Schlagzahl ist hoch. Wenn du 20 Bier pro Stunde abrechnest, zehn

Bratwürste oder fünf Cappuccino, hast du exakt so viele Geschäfte abgerechnet. Du lernst Kopfrechnen und den Umgang mit Bargeld. Du lernst, dass man kommunizieren muss, um miteinander ins Geschäft zu kommen. Dass es guttut, sich dabei in die Augen zu gucken (und es dabei schwerer als im Internet ist, dem anderen Mist zu erzählen). Und dass Menschen sich immer beschweren werden, wenn sie einen Preis nicht in Ordnung finden. Wenn sie glauben, dass der Preis nicht den Wert von etwas widerspiegelt. Das solltest du dir, im Gegensatz zu allem anderen, aber weniger zu Herzen nehmen.

Du musst mit deinen ersten Geschäften nicht die Welt verändern. Fürs Erste reicht es, dass du Leute satt machst oder mobil, sie informierst oder dafür sorgst, dass sie verdammt gut angezogen sind. Deine Geschäfte bringen dir und anderen einen Nutzen. Das Geld, das du dabei verdienst, ist nur ein Resultat davon. Verdien es so, wie es dir gefällt. Du hast 100 Möglichkeiten, deine ersten 100 Euro zu verdienen. Du musst nur noch die finden, die zu dir passt. Und wenn du es geschafft hast, lass die Korken knallen. Den ersten Hunderter beim Millionen-Marathon hast du gerade gemacht. Fehlen uns nur noch 999 900 Euro. Keine Sorge, das kriegen wir hin.

WAS WÄRE, WENN …

… WIR SO VIEL GELD DRUCKEN WÜRDEN, DASS JEDER REICH IST?

Angenommen, der aktuelle Kanzler oder die aktuelle Kanzlerin von Deutschland würde in einer TV-Ansprache verkünden: »Liebe Mitbürgerinnen und Mitbürger, heute um Mitternacht wird die Bundesregierung jedem Menschen in Deutschland eine Million Euro in bar aushändigen. Herzlichen Glückwunsch, wir sind jetzt alle reich.« Was würde passieren?

Natürlich würden sich alle Menschen ein Aktiendepot einrichten, das Geld in einen vernünftigen Fonds einzahlen, ihre Altersvorsorge regeln, ihre Kredite abbezahlen und als Gipfel des Luxus die alte Waschmaschine ersetzen. Unsinn!

Was wir erleben würden, wäre die wahrscheinlich überragendste und größte Party, die Deutschland je gesehen hat. Die Menschen würden All-you-can-eat-Büfetts mit Hummer und Kaviar veranstalten, Wildfremde knutschend und Champagner saufend im Autokorso durch die Stadt brettern.

Und am nächsten Tag? Würde das ganze Land mit einem richtig fiesen Kater aufwachen. Wegen des Champagners, einerseits. Andererseits: Das Geld wäre nichts, aber auch gar nichts mehr wert.

Wenn plötzlich jeder tausendmal so reich wäre wie vorher, würde in kürzester Zeit alles tausendmal so teuer. Ein Kaffee to go? Das macht dann 2500 Euro, bitte. Eintritt ins Kino? 10 000 Euro. Die Konzertkarte für deine Lieblingsrapperin? 50 000 Euro. Selbst wenn alle Regierungen auf der ganzen Welt ihren Bürgern eine Million schenken würden – der Effekt wäre exakt der gleiche: Alles würde um den gleichen Faktor teurer, mit maximal einem Tag Verzögerung.

Warum? Geld funktioniert nur deshalb, weil sich viele Menschen darauf einigen, dass es einen bestimmten Wert hat. Sie vertrauen darauf, dass sich dieser Wert eben nicht innerhalb einer Nacht komplett ändert. Wenn wir alle über Nacht reich werden würden, würden wir auf der Mega-Party gemeinsam dieses Vertrauen zerstören. Das Geld, das wir in der Nacht geschenkt bekommen haben, könnten wir am nächsten Morgen in Schubkarren auf die Marktplätze fahren, es auf riesige Haufen schichten, Benzin drübergießen – und es verbrennen.

Was es also bringt, wenn wir so viel Geld drucken, dass alle reich sind? Nichts. Was viel schöner wäre und wovon die Welt nachhaltig mehr hätte: Wenn wir so viel Geld verschenken würden, dass niemand mehr arm wäre. Es gibt Berechnungen, wonach zum Beispiel der Welthunger mit nur wenigen Milliarden Dollar pro Jahr zu stillen wäre. Dafür müssten wir nicht einen einzigen neuen Geldschein drucken. Es würde reichen, wenn wir die vorhandenen nur ein klitzekleines bisschen fairer verteilen würden.

Kapitel 2

ZEITRAUM: 1–4 JAHRE

WARUM DICH GELD ALLEIN NICHT GLÜCKLICH MACHT, WARUM DU GEDULD BRAUCHST BEIM REICHWERDEN, WIE UNTERNEHMEN GELD VERDIENEN – UND WIE DU DAVON PROFITIEREN KANNST

19 Bist du glücklich, wenn du reich bist – oder bist du reich, wenn du glücklich bist?

Seit es Geld gibt, beschäftigen sich Menschen mit der Frage, ob es glücklich macht. Alte Menschen, junge Menschen, reiche, arme, sehr dumme und sehr schlaue. Schon Aristoteles, einer der berühmtesten Philosophen des alten Griechenlands, machte sich darüber Gedanken. Er war sich sicher: Nein, Geld macht nicht glücklich. Das Glück kommt nicht vom Kontostand. Sondern von innen.[22] Ein gutes und erfülltes Leben führt der, der aus tiefem Herzen glaubt, ein gutes und erfülltes Leben zu führen. Was meint der Philosoph damit?

Aristoteles lebte als Haus- und Hofphilosoph der Königsfamilie im antiken Athen.[23] Die Stadt war damals der Taktgeber gesellschaftlichen Lebens. So wie heute New York, London oder Tokio. Eine Metropole. Das Zentrum der Wirtschaft und Kultur. Und das Zuhause von denen, die mit Handel oder Theater reich und berühmt geworden waren. Aristoteles beobachtete Menschen, die sich alles kaufen konnten. Die feinsten Weine gegen den Durst. Die hübschesten Frauen oder Männer gegen die Einsamkeit. Die Reichen hatten alles, was sie sich vorstellen konnten. Was sie nicht hatten, kauften sie einfach. Und doch, Aristoteles sah in diesem Umfeld keine glücklichen Menschen. Im Gegenteil: Er sah Neid, Missgunst, Betrug, Ehebruch, Mord. Er sah Reiche, die traurige Leben führten. Sie häuften zwar unvorstellbare Reichtümer an und ließen sich die besten Speisen kommen: Oliven, Feigen, Hammelbraten in Rosmarin. In ihren bombastischen Häusern mit dem edelsten Marmor Griechenlands aßen sie: allein. Sie verstanden, dass es einsam, unglücklich und traurig macht, wenn die wichtigste Entscheidung ihres Tages darin besteht, ob man den Wein aus dem Kristallbecher mit Goldrand oder dem Goldbecher mit Kristallrand trinken soll. Sie waren so unglücklich, dass sie sich nicht einreden konnten, glücklich zu sein. Sie glaubten selbst nicht einmal, dass sie ein erfülltes und gutes Leben führten. Um diese bittere Erkenntnis zu betäuben, aßen und tranken sie noch mehr, kauften sich mehr Freunde und Partner. Und je mehr sie kauften, desto unglücklicher wurden sie. Je mehr Geld sie ausgaben, desto mehr entfernten sie sich von sich selbst. Und der Chance, sich selbst glauben zu können, glücklich zu sein.

Rund 2000 Jahre später urteilte der deutsche Philosoph Arthur Schopenhauer, dass nicht nur die Reichen, sondern die meisten Menschen dazu verdammt sind, unglücklich zu sein. Schopenhauer, ein sehr trauriger und pessimistischer Mensch, war davon überzeugt, dass man sich insbesondere von Geld in großen Mengen fernhalten müsse, wolle man zumindest die Chance haben, glücklich zu werden. »Wohlstand ist wie Salzwasser«, soll er gesagt haben: »Je mehr wir davon trinken, desto durstiger werden wir.«[24]

In der Philosophie, egal ob im antiken Athen oder dem modernen Europa, hat Geld keinen allzu guten Ruf. Kann Geld einen überhaupt glücklich machen? Die moderne Forschung beantwortet die Frage mehrdeutiger als Aristoteles und Schopenhauer. Neuere Studien[25] sehen nämlich durchaus einen Zusammenhang von Geld und Glück. Forscherinnen und Forscher interessiert, wie viel Geld welchen Einfluss auf das Glück hat. Manche sagen: Je mehr Geld man hat, desto glücklicher fühlt man sich. Viele sagen, man wird nur mit einem gewissen Gehalt oder Vermögen glücklicher, danach spielt es keine Rolle mehr, ob jemand eine Million Euro verdient oder eine Milliarde. In einem sind sich aber alle Forscherinnen und Forscher einig: Wer Geld hat, ist nicht zwangsläufig glücklich – hat aber auf jeden Fall weniger Sorgen. Wer sich nicht vor der Heizkostennachzahlung, einer kaputten Waschmaschine fürchtet und finanziell abgesichert ist, wenn er krank wird oder sich beide Arme bricht, fühlt sich seltener schlecht. So einem Menschen geht es grundsätzlich erst mal okay.

Bedürfnispyramide nach Maslow

Aber reicht das? Ist man glücklich, nur weil man nicht unglücklich ist? Nachdem ich dir auf den ersten Seiten dieses Buchs ja schon ein wenig darüber erzählt habe, wie man sich ein Vermögen aufbaut, also Geld, möchte ich dir kurz davon erzählen, wie man Glück für sich aufbaut. Denn zwischen beidem besteht durchaus ein Zusammenhang.

Menschen machen ganz verschiedene Dinge glücklich. Für dich kann es das größte Glück der Welt sein, mit einem Rucksack durch Bali oder Neuseeland zu reisen. Der eine ist am glücklichsten, wenn er einen niedlichen Hundewelpen sieht. Oder gleich zehn davon. Die Nächste ist glücklich, wenn ihr Lieblingsclub die Champions League oder den Superbowl gewinnt. Das Glück sieht für jeden anders aus.

Dem amerikanischen Psychologen Abraham Maslow wird das sicher auch klar gewesen sein. Trotzdem hat er versucht, ganz grundlegend zu verstehen, was Menschen glücklich macht: Wie könnte man die Milliarden unterschiedlichen Empfindungen von Glück zusammenfassen? Dafür hat Maslow ein Modell entwickelt: die sogenannte Bedürfnispyramide.[26] Sie hilft uns auch bei unserer Frage: Ist man mit Geld glücklicher? Kann man Glück kaufen?

Grundbedürfnisse

Damit meint Maslow alles, was für dich wirklich überlebenswichtig ist. Du brauchst genug zu trinken, um nicht zu verdursten. Du musst essen, um nicht zu verhungern. Du brauchst ein Zuhause, das dich bei Regen trocken und bei Kälte warm hält.

Eine Cola und einen Burger kannst du genauso kaufen wie eine Avocado oder einen frisch gepressten Orangensaft. Wenn du bei deinen Eltern wohnst, haben sie euer Haus gekauft oder mieten eure Wohnung. Später, wenn du ausgezogen bist, machst du das Gleiche. Essen, Trinken, Wohnen – die Grundbedürfnisse, die Maslow in der untersten Stufe seiner Pyramide zusammenfasst, kannst du mit Geld befriedigen. So weit, so einfach.

Sicherheitsbedürfnisse

Du hast genug zu essen und zu trinken und ein Zuhause. Okay. Und jetzt? Laut Maslow entwickelt sich nun ein neues Bedürfnis in dir: Sicherheit. Du möchtest sicher sein, dass du nicht nur heute genug hast, sondern auch morgen und in einem Jahr. Dass deine Grundbedürfnisse dauerhaft erfüllt sind. Dabei hilft es sicherlich, wenn man so viel Geld verdient, dass man sich darum nicht sorgen muss, ob man sich morgen einen Eistee leisten kann oder in einem Jahr die Miete.

Das Sicherheitsbedürfnis bedeutet auch: Du möchtest in einer Straße, einer Stadt, einem Land leben, das sicher ist. Glückwunsch – da hast du es mit Deutschland schon recht gut getroffen. Die Kriminalität sinkt seit vielen Jahren. Als ich so alt war wie du, wurden in Deutschland viel mehr

Menschen ausgeraubt, verprügelt oder umgebracht als heute.[27] Wenn du dich unsicher oder bedroht fühlst, kannst du den Notruf wählen. Die Polizei oder der Krankenwagen wird kommen.

Anders als in anderen Ländern bekommst du auch keine Rechnung, wenn du den Notruf wählst. Die Polizei kommt zum Multimillionär und der Krankenwagen zu einem Menschen, der gar kein Geld hat. Ob du dich also damit sicher fühlen kannst, was der Staat für dich organisiert – zum Beispiel die Polizei und einen Krankenwagen –, hat weniger mit deinem Einkommen zu tun. Sondern damit, ob du Glück hattest, in einem Land geboren zu sein, wo sich der Staat um die Sicherheit für alle kümmert. (Natürlich verdienen Polizistinnen oder Krankenpfleger auch Geld. Du zahlst ihnen ja mit deinen Steuern sogar das Gehalt.)

Was Maslow auch zum Sicherheitsbedürfnis zählt: Dass du gesund bist. Du kannst dein Leben lang sehr viel Geld für gesunde Ernährung ausgeben. Du kannst jeden Tag ins Fitnessstudio gehen und anschließend in die Sauna. Du rauchst nicht, du trinkst nicht, du isst nie fettig, sahnig, frittiert. Selbst wenn du dir Mühe gibst, alle Risiken zu reduzieren – du kannst trotzdem krank werden. Einer schweren Krankheit wie Krebs oder einer leichten wie Schnupfen ist es egal, wie viel du verdienst. Du kannst in einer 35-Zimmer-Villa von der Leiter fallen – oder in einer Einzimmerwohnung. Gebrochen ist dein Bein so oder so. Also: Kannst du dir Sicherheit kaufen? Du kannst mit dem Geld, das du hast, haushalten und sicherstellen, dass du nicht Mitte des Monats pleite bist.

Wenn du Glück hast, in einem Land wie Deutschland geboren zu sein, gibt es einen Staat, der für deine Sicherheit sorgt. Aber Gesundheit – die kannst du nicht kaufen. Schon auf der zweiten Stufe der Pyramide wird es also schwierig, dem Glück mittels Geld in den Hintern zu treten.

Sozialbedürfnisse

Egal, ob du die Klassenclownin warst, der Mittelpunkt jeder Party bist oder der Stille in der Ecke. Jeder Mensch auf dieser Welt braucht Nähe zu anderen Menschen. Manche mehr, manche weniger. Aber ohne kann niemand. Einsamkeit kann dich genauso krank machen wie Rauchen oder Stress.[28] Kannst du das Sozialbedürfnis mit Geld stillen? Natürlich kannst du Freunde und Fremde ständig einladen. Dann bleiben sie bei dir. So lange, wie der Kinofilm läuft oder die Pizza bei dir zu Hause reicht. Aber genügt das? Funktioniert eine Beziehung zwischen Menschen – egal ob Freunde, Beziehung oder Familie –, wenn nur der eine gibt und der andere nimmt? Nicht nur dein Kontostand wird sehr leiden, wenn du das ständig tust. Viel wichtiger: Ist das echte Freundschaft oder Liebe, wenn jemand nur wegen dem bei dir ist, was du kaufst? Wahrscheinlich nicht. Das Sozialbedürfnis, so wie Maslow (und ich übrigens auch) es verstehen, kannst du nicht mit Geld erfüllen. Du kannst Menschen für oberflächliche Nähe bezahlen, ja. Aber an echten Freunden, echter Liebe, echter Nähe hängt kein Preisschild. Dazu sind sie viel zu wertvoll.

Individualbedürfnisse

Du bist satt, fühlst dich sicher, pflegst Freundschaften und vielleicht sogar eine Beziehung. Fantastisch! So weit wird ein Großteil der Menschen auf diesem Planeten bedauerlicherweise nicht kommen. Bei diesem Gedanken kann man einmal kurz innehalten, finde ich: Wir könnten dankbar sein. Ruhe finden. Inneren Frieden. Wir könnten zufrieden sein. Aber, und das ist wirklich seltsam, viele Menschen denken trotzdem: Da fehlt noch was. Mir geht das so. Dir auch. Zumindest manchmal. Maslow nennt das: Individualbedürfnisse. Wir wollen nicht nur irgendein unbedeutender Teil der Masse sein. Wir wollen etwas Besonderes sein und so von anderen gesehen werden.

An diesem Punkt der Pyramide, wenn wir von den Grund-, Sicherheits- und Sozialbedürfnissen zu dieser vierten Stufe kommen, betreten wir mit unserer Ausgangsfrage gefährliches Terrain: Kann man Glück kaufen? Auf Stufe vier, den Individualbedürfnissen, kommen wir in einen Bereich, in dem es brandgefährlich werden kann, wenn wir denken: Wir können das Bedürfnis nach Besonderheit, nach Anerkennung und Wertschätzung befriedigen, wenn wir kaufen, kaufen, kaufen. Maslow unterscheidet bei diesem Bedürfnis noch einmal zwei Seiten. Auf der einen ist da ein tiefer Drang in dir und mir: Wir wollen stark sein, erfolgreich, unabhängig und frei. Wir möchten als Menschen mit uns selbst zufrieden sein. Wie ein Blick in den Spiegel: Du magst dich so, wie du bist. So weit, so gut. So weit, so harmlos. Auf der anderen Seite ist da aber noch der mindestens genauso tiefe Drang, von anderen Menschen gesehen zu werden. Als der Mensch, der du gerne wärst: Du möchtest Anerkennung und Wertschätzung für das, was du bist, was dich unverwechselbar ausmacht. Oder das, von dem du glaubst, was du für andere darstellen sollst. Als wärst du ein Schauspieler, der eine Rolle spielt. Und wenn es die Hauptrolle in einem Blockbuster sein soll, brauchst du: den Super-Körper. Das Super-Gehirn. Das Super-Auto. Erinnere dich an den Anfang dieses Buches. Ich habe dir davon erzählt, wie ich mit Mitte 20 in meinem Porsche durch die Gegend fuhr und es unendlich großartig fand, von anderen Menschen in diesem Auto gesehen zu werden. Ob ich diese Menschen jetzt kannte oder nicht, war mir egal. Ob mir deren Meinung etwas bedeuten sollte oder nicht. Auch egal. Ich dachte nur: Diese Menschen finden mich als Menschen richtig geil, wenn sie mich in diesem Auto sehen. Dieser Porsche war das ultimative Symbol dafür, dass sie mich anerkennen und wertschätzen. Deshalb bin ich ja weiter in diesem Auto gefahren, nachdem ich meinen Führerschein verloren hatte. Es war mir wirklich wichtiger, im Porsche gesehen zu werden, als die Gesetze einzuhalten. Anders gesagt: Was ich als Mensch eigentlich sein wollte und was dieser Porsche aus mir machte – ich konnte dazwischen nicht mehr unterscheiden. Ich merkte gar nicht, dass ich eine Rolle spielte. Wie ein Schauspieler.

Mein einziger Vorteil war damals, dass es noch keine sozialen Medien gab. Mir wird sehr mulmig, wenn ich daran denke. Was hätte ich wohl noch alles angestellt, wenn Dutzende oder Hunderte Leute mir Flammen-Emojis geschickt hätten, sobald ich ein Selfie aus dem Porsche postete? #führerscheinlosundtrotzdemauf180

Wenn dir ein Fremder sagt: »Ey, geiles Auto! Geile Sneaker. Geiler Urlaub. Geiles Goldsteak.« Ist das wirklich wichtig? »Ey, geile Freundin, geiler Freund, geiler Bizeps, geile Taille. Krass, kannst du viel saufen, ohne umzufallen. Wahnsinn, dass du trotzdem noch so viel arbeitest.« Ist das wichtig, dass dich andere so sehen? Oder ist es wichtig, dass es jemanden gibt, der dir sagt: »Ich liebe dich«? Oder: »Ich mag dich. Es ist schön, dass es dich in meinem Leben gibt«? Oder, am allerwichtigsten. Wenn du selbst vor dem Spiegel stehst, dir tief in die Augen guckst und dir denkst: »Mein Leben mit mir – das ist echt gut«?

Sicher: Es gibt Phasen im Leben, in denen es sich gut anfühlt, sich kurzfristig glücklich zu machen, indem man einen Super-Körper, das Super-Auto oder den Super-Rausch hat. Eine Tafel Schokolade oder eine Spritztour im Porsche – das Prinzip ist dasselbe. Es wird dich glücklich machen. Solange du die Schokolade isst. Oder im Porsche sitzt. Wenn du also bei all dem geilen Zeug (»Geiles Auto, geile Freundin, geile Taille«) oben genickt hast, ist das in Ordnung.

Kurzfristig macht das glücklich. Wenn du aber bei dem kitschigen Zeug (»Ich mag dich«, »Ich liebe dich«) danach genickt hast, hast du eine Chance, langfristig »glücklich« zu werden – jedenfalls so, wie ich das ganz persönlich definiere. Und Maslow mit der vierten Stufe, den Individualbedürfnissen.

Selbstverwirklichung

Okay, Endgame. Viel größer als Selbstverwirklichung geht's nicht: Du möchtest der Mensch sein, der du sein kannst, wenn wirklich alles stimmt. Du hast dich so gut kennengelernt, dass du weißt, was du willst und was nicht. Du weißt, worin du gut bist, und hast einen Job gefunden, in dem du all deine Talente und dein gesamtes Potenzial komplett ausleben kannst und damit sogar Geld verdienst! Wow!

Selbst verwirklicht – eine Sprinterin fühlt sich so, wenn sie bei den Olympischen Spielen eine Goldmedaille gewinnt. In diesem einen Moment, der sie für all ihre Mühe belohnt. Der ultimative Triumph. Ich weiß aber nicht, ob sie sich in den Jahren des Trainings davor so fühlt: selbst verwirklicht. Bei einer Verletzung. Oder wenn sie einen dicken Werbedeal bekommt, aber die Chips, die Zahnpasta oder die Schuhe, für die sie wirbt, gar nicht mag.

Eine Erfinderin fühlt sich selbst verwirklicht, wenn plötzlich die ganze Welt wegen ihres Produkts vollkommen durchdreht und sie irre reich wird. Aber ist sie privat glücklich – oder vielleicht sehr einsam? Hatte sie vorher brutale Selbstzweifel? Wie geht's ihr, wenn plötzlich jemand ein Produkt erfindet, das besser ist als ihres? Ich weiß es nicht. Ich weiß aber: Es gibt einen sehr schmalen Grat zwischen Selbstverwirklichung und Getrieben-Sein. Wenn es einen nur unglücklich macht, wenn man sich auf dem Weg zu dem quält, was man für Selbstverwirklichung hält – dann sollte man alle paar Monate durchatmen und darüber nachdenken: Lohnt sich diese Qual wirklich? Oder quält mich dieser Weg nur?

Die Erfinderin, die Sportlerin, ein buddhistischer Mönch, allein und glücklich frühmorgens in seinem Tempel, wenn die Vögel zwitschern. Oder eine alleinerziehende Mutter im Schrebergarten beim Tomatenernten. Es gibt bestimmt noch unzählige Beispiele, die alle dasselbe sagen sollen: Die Momente, in denen man sich selbst verwirklicht, sind selten. Niemand verwirklicht sich 24 Stunden am Tag, sieben Tage die Woche und ein ganzes Leben lang. Niemand! Es sind kostbare Momente, für die wir dankbar sein sollten – weil sie schnell wieder vergehen. Der Mönch wird genervt sein, wenn die Touristen seinen Tempel stürmen. Die Mutter, wenn sie sich wieder für die Kinder aufopfern muss, weil ihr Ex-Mann und der Staat sie alleinlassen. Kein Geld der Welt kann der Sprinterin helfen, sich zu motivieren, die Goldmedaille zu verteidigen. Die Erfinderin kann ihr Gehirn nicht mit Geld bestechen, dass es, bitte schön, noch einmal eine weltverändernde Idee hat.

So! Das war jetzt ein langer Weg – vom alten Griechenland über die Bedürfnispyramide von Maslow. Zentral, finde ich, ist die Erkenntnis: Geld allein macht nicht glücklich. Geld minimiert Sorgen. Es kann ein Werkzeug sein, um deine Bedürfnisse zu erfüllen. Das Irre ist: Bei kurzfristigem Vergnügen wird dir Geld allein viel hilfreicher sein als beim langfristigen Glücklichsein. Du kannst nicht mal was dafür. Wir Menschen müssen ja immer noch mit demselben Steinzeitgehirn rumlaufen wie vor 100 000 Jahren. Und da hat es die Menschen eben glücklich gemacht, ein Mammut zu erlegen oder einen enorm großen Stein zu finden. Ich glaube nicht, dass Höhlenmenschen über Selbstverwirklichung nachgedacht haben. Aber sie mussten auch keine Miete zahlen, keine Kredite abbezahlen oder sich mit Strategien beschäftigen, wie sie reicher werden als ihre Eltern.

Lass uns festhalten: Langfristig glücklich wirst du nicht, wenn du zu viel Geld für Quatsch ausgibst, der Spaß bringt und sonst nichts. Langfristig glücklich wirst du aber auch nicht, wenn du gar kein Geld verdienst. Und, nun ja, sind wir mal ehrlich, deswegen hast du dir ja eigentlich auch dieses Buch gekauft. Oder schenken lassen. Du willst reich werden. Okay, dann weiter im Text.

20 Die Zehn-Prozent-Regel

Alles, was du im vorherigen Kapitel und diesem lernen wirst, sind grundlegende Regeln. Alles, was ich dir über Geld erzählen möchte, folgt diesen Regeln. Egal, ob es um einen Euro geht oder um eine Million. Je weiter wir auf diesem Weg gehen, desto mehr wird es dir vorkommen, als würde ich mich wiederholen. Das stimmt sogar. Was du lernst, sollst du früh anwenden und dann wiederholen. Du sollst zuerst ohne Risiko jene Erfahrungen machen, die dich später – durchaus mit Risiko – zu einem richtig erfolgreichen Investor machen werden. Verinnerliche die Grundregeln. Mach sie zu deinen Gewohnheiten. Das ist anfangs schwer, ich weiß. Aber es wird leichter. Jeden Tag. Tricky ist nur: Du musst es wirklich jeden Tag machen. Aber wenn es dir gelingt, die Grundregeln in Form von Gewohnheiten zu verinnerlichen, musst du sie nur noch in immer größerem Maßstab anwenden. Das ist easy.

Eine Regel, die dir auf dem Weg zur ersten Million zur Gewohnheit werden sollte, ist: der Faktor zehn. Kleine Motivationsspritze, bevor es nervig wird: Wenn du diese Regel verinnerlicht hast, hast du das wichtigste Prinzip verstanden, mit dem du reich wirst.

Der Faktor zehn besagt: Jeden zehnten Euro, den du hast, legst du zurück. Zehn Prozent deines Geldes werden zu deiner Rücklage, die du zum Anlegen benutzt. Zehn Prozent aus deinem Nebenjob. Zehn Prozent vom Geburtstagsgeld. Zehn Prozent von den Gewinnen aus deinem ersten Geschäft (siehe Seite 65). Aus diesem Geld machst du später mehr Geld. Und aus mehr Geld machst du richtig viel Geld. Aus richtig viel die erste Million. So einfach ist das. Wenn du es schaffst, von deinen ersten 100 Euro zehn Euro wegzulegen, schaffst du das auch mit 1000 von 10 000 Euro. Egal mit welcher Summe, die den Weg zu dir findet. Bevor du irgendetwas damit machst, legst du zehn Prozent weg. Am besten auf ein zweites Girokonto (siehe Seite 150).

Ich kann mir vorstellen, dass du das jetzt unfair findest. Du hast dein erstes Geld verdient und ich erwarte von dir, dass du einen Teil davon zurücklegst, statt die gesamte Summe auszugeben und zu genießen. Tut mir leid. Aber ich bin der festen Überzeugung: Nur wer auf kleine Vergnügen verzichtet, kann sich die großen leisten.

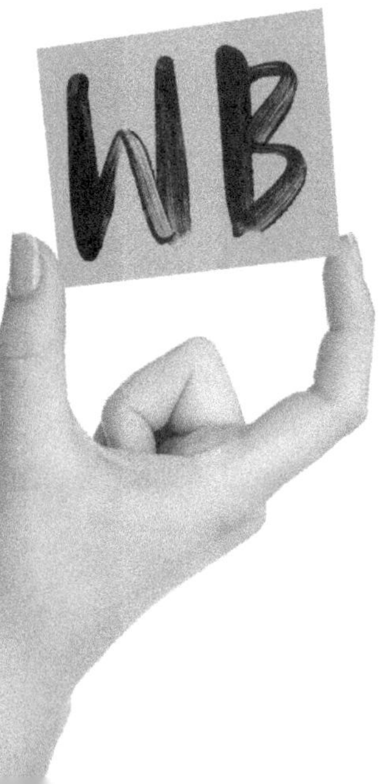

21 W und B – deine neuen Lieblingsbuchstaben

Wenn du reich werden willst, brauchst du Kontrolle. Vor allem über dein Geld. Wie viel kommt rein, wie viel geht raus? Wenn du deinen Geldstrom nicht verstehst, wirst du ihn niemals steuern können.

Versuch doch mal, einen Monat lang ein Haushaltsbuch zu führen. Darin hältst du alle Einnahmen und Ausgaben fest: jedes Wurstbrot vom Schulbäcker. Jeden Kaffee, jeden Burger, jede Busfahrt. Dafür reicht die Notiz-App auf dem Smartphone. Wenn du dir dein Haushaltsbuch am Ende des Monats anschaust, weißt du, wo dein Geld geblieben ist. Versprochen: Es verschwindet nicht durch Magie von deinem Konto. Es klaut auch keiner. Du gibst es aus. Deshalb, nur deshalb ist es am Ende des Monats weg.

Keine Sorge: Ich will nicht, dass du morgens beim Duschen einen Eimer mitnimmst, das Wasser auffängst, das an dir runterläuft, um dir damit anschließend ein Ei zu kochen, und das übrige Dusch-Ei-Wasser in die Kaffeemaschine gießt. Ich will dich nicht zu einem freudlosen und traurigen Leben bringen. Ich möchte, dass du die Kontrolle über deinen Konsum hast. Und nicht der Konsum über dich. Dafür reicht ein simpler Trick für dein Haushaltsbuch. Hinter jede Ausgabe notierst du entweder ein **W** oder ein **B**.

B wie Brauchen. Es gibt Ausgaben, die müssen sein. Wenn deine Socken kaputt sind, *brauchst* du neue. Wenn dein Kugelschreiber nicht mehr schreibt, *brauchst* du einen neuen. Wenn du Hunger hast, *brauchst* du etwas zu essen – einen Schokoriegel oder eine Pizza zum Beispiel. Sonst kriegst du schlechte Laune. Und mit schlechter Laune investiert es sich schlecht. All diese Ausgaben sind: notwendig. Was du wirklich brauchst, dafür musst du wirklich Geld ausgeben. Daran kannst du nicht sparen. Sollst du auch nicht.

W wie Wollen. Wenn aber deine schwarzen Socken dich langweilen, weil du lieber pinke oder grüne hättest, dann *willst* du neue Socken. Wenn du keine Lust hast, bis zum Abendessen zu warten, und deshalb eine Pizza bestellst, dann *willst* du diese Pizza. Wenn dein altes iPhone noch funktioniert, aber das neue bessere Fotos macht oder ein größeres Display hat, obwohl das alte schon nicht richtig in die Hosentasche passt – dann? Richtig. *Willst* du ein neues Smartphone, obwohl du es nicht *brauchst.*

Kurz gesagt: Alles, was sein muss, bekommt in deinem Haushaltsbuch ein B wie *Brauchen* – und ist damit als Ausgabe für dich erlaubt. Alles, was lustig ist, dich ablenkt oder nur kurzzeitig gut fühlen lässt, bekommt ein W wie *Wollen* – und ist damit streng verboten.

Quatsch. Was du wirklich brauchst und was du nur willst, ist von der Situation abhängig. Nehmen wir mal als Beispiel einen großen Eisbecher mit Extra-Sahne, Schokostreuseln (weiß, zartbitter und bunt), vier Soßen und Kirschen oben drauf. Vielleicht gönnst du dir diesen Mega-Eisbecher, weil du etwas zu feiern hast. Oder weil es ein besonders beschissener Tag war und dich nichts anderes aufmuntern könnte. In dieser Situation *brauchst* du diesen Eisbecher, weil es in dieser verdammten Sekunde das Beste auf dieser Welt ist, den zu vernaschen. Schlag zu! Und schreib in diesem Fall ein B in dein Haushaltsbuch.

Aber: Du wirst nicht jeden Tag im Leben etwas zu feiern haben. Dafür wird an jedem Tag etwas passieren, das dich ärgert oder wütend macht. Wenn du jeden Tag einen Mega-Eisbecher *brauchst,* weil du keinen anderen Umgang mit Frust findest, wirst du bald zuckerkrank und pleite sein. Das willst du beides nicht. Noch gefährlicher ist es, wenn du meinst, jeden Tag ein Bierchen, Weinchen oder Aperol Spritzchen zu *brauchen.*

Kontrollier deinen Konsum, bevor er dich kontrolliert. Gib dein Geld hemmungslos aus: für alles, was du wirklich *brauchst.* Sei nicht streng. Gönn dir regelmäßig etwas, das dich glücklich macht und du in einem besonderen Moment *brauchst.*

Sei einfach ehrlich zu dir. Raucher *wollen* auch jeden Tag rauchen. Nicht weil sie es *brauchen.* Sie sind süchtig. Konsum und Zucker sind genauso Süchte wie Rauchen oder Alkoholtrinken. Das gesunde Gegenteil von Sucht ist nicht Verzicht. Sondern: bewusster Konsum. Den darf sich meiner Meinung nach jeder gönnen – wenn er oder sie dabei ehrlich zu sich ist.

Schau dir dein Haushaltsbuch an. Alle Einträge, die du mit einem W markiert hast. Nimm dir vor, nächsten Monat die Hälfte davon wegzulassen. Ich wette mit dir: Plötzlich hast du zehn Prozent deines Geldes übrig, um es wegzulegen.

Als zusätzliche Hilfe nimmst du dir vor, bei deinen Ausgaben immer einmal durchzuatmen. Eine einzige Sekunde innehalten und in dich reinhorchen: *Will* ich dieses Kleid oder *brauche* ich es? Ist es irgendein Kleid, wie ich es ehrlicherweise schon zehn Mal im Schrank habe, oder ist es *the one*, das perfekte Kleid, das ich für den Abschlussball brauche? Brauche ich diesen Kaffee *to go*, weil es draußen so irre kalt ist – oder war ich gestern wieder bis zwei Uhr morgens an der Playstation und will jetzt einfach nicht müde sein?

Du wirst merken, wie wenig du brauchst und wie viel du willst. Wenn du es zum ersten Mal schaffst, auf etwas zu verzichten, was du nur wolltest, aber nicht brauchtest – sei stolz auf dich! Wenn du es zehn Mal schaffst, gönn dir was: dieses Kleid, diesen Eisbecher, was du möchtest. Wenn du es hundert Mal schaffst, wirst du merken: Es wird leichter.

22 Die Macht der Gewohnheit

Mit diesem Buch versuche ich dir Tipps zu geben, wie du reich wirst. Du weißt schon, dass ich Reichtum nicht unbedingt nur als eine Ansammlung von Vermögen verstehe – sondern als Mindset. Neben Geld kann dich vieles reich machen: Zufriedenheit, Freundschaften, Liebe. Am meisten helfen dir – und das gilt für Geld und alles andere – Gewohnheiten.

Warum funktionieren die Vorsätze nicht, die du an Silvester fasst? Du sagst, du wirst nie wieder zu viel Alkohol trinken. Du willst immer vor Mitternacht ins Bett gehen und um 6 Uhr aufstehen. Joggen vor der Schule oder Arbeit. Jeden Abend dreißig Minuten ein Buch lesen und meditieren. Nie wieder Zucker. Oder Fett. Machst du eh nicht. Mach ich auch nicht. Keinen Vorsatz, der eins der Wörter »immer« oder »nie« enthält, hat jemals jemand durchgehalten. Mach es dir leichter.

Sag zu dir: Ich werde jeden Tag eine Seite lesen. Schon liest du eine Seite mehr als keine. Sag zu dir: Ich werde jeden Tag einen Kilometer joggen. Dann sind das im ganzen Jahr 365 Kilometer. Es läppert sich. Im zweiten Jahr verdoppelst du das, was du dir vorgenommen hast. Du liest jeden Tag zwei Seiten. Dann sind das schon 700 im Jahr. Im dritten Jahr verdoppelst du dich wieder. Schon liest du 2000 im Jahr. Und nach wenigen Jahren liest du, ganz nebenbei, 20 Bücher im

Jahr. Du hast dich langsam, aber stetig gesteigert. Langfristig hast du davon mehr, als wenn du kurzfristig etwas machst, was du schnell wieder lässt. Bei Diäten, mit denen Menschen abnehmen wollen, gibt es den sogenannten Jojo-Effekt. Wer kurzzeitig extrem viel trainiert und hungert, nimmt ab. Wer seine neuen Gewohnheiten – Training und Hunger – schnell wieder aufgibt, nimmt genauso schnell wieder zu. Am Ende wiegt er mehr als vor der Diät.

Du brauchst positive Ziele, die du dir bildlich vorstellen kannst. Warum machst du das? Warum arbeitest du? Stell dir nicht die Angst vor dem Flaschensammeln vor, wenn du Rentner bist, weil du *nicht genug* gearbeitet hast. Stell dir dafür deinen Bungalow am See vor und dich mit drei Hunden und 'nem Glas Rotwein auf der Terrasse. Wie riecht der Wald um dich herum? Welche Farbe hat das Wasser und wie fühlt es sich an, wenn du deine Hand hineintauchst? Mach dir gute Gefühle. Stell dir deine Lebensziele bildlich vor. Am besten mit allen fünf Sinnen: Sehen, Hören, Schmecken, Riechen, Spüren. Je größer deine Ziele sind, desto konkreter sollte deine Vorstellung sein!

Mach es dir am Anfang leicht. Lass dich inspirieren. Wenn du dir vornimmst, mehr zu lesen, lies Bücher, die dich interessieren. Dich vielleicht sogar im Leben weiterbringen, weil es darin um deinen Traum geht. Es ist nämlich kein Zufall, dass erfolgreiche Menschen gerne Bücher von oder über erfolgreiche Menschen lesen. Manager lesen Sportlerbücher. Sportler lesen Politikerbücher. Und Politiker lesen Managerbücher.

Wenn du keine Lust hast, eine ganze Biografie oder ein Sachbuch zu lesen, hör das Hörbuch. Zumindest in Auszügen. Lies wenigstens den Eintrag bei Wikipedia komplett. Guck dir die Verfilmung bei Netflix an. Aber mach es oft. Und lies, hör und guck, was dich interessiert und weiterbringt. Anders als in der Schule kannst du dir in deiner Freizeit aussuchen, was du lernen willst.

Tu jeden Tag etwas für dich und du wirst reich sein, lange bevor du die ersten 1000 Euro verdient hast.

Wie du weißt, glaube ich nämlich nicht, dass Reichtum nur Vermögen oder Gehalt oder den Besitz und das Fahren eines Porsche 911 bedeutet. Reich bist du, wenn es der Einheit aus Körper, Geist und Seele gut geht.

Du willst ja nicht der Schlauste mit dem besten Körper sein, der nichts fühlen kann. Du willst auch nicht der Schönste sein, der alles fühlt, aber irre doof ist. Du willst auch nicht ultravermögend sein und keine Treppe mehr hochlaufen können. Körper, Geist und Seele. Wenn du nur einen der drei Bereiche pflegst, wirst du unglücklich. Wenn du zwei von drei Bereichen pflegst, wirst du so maximal unterdurchschnittlich zufrieden. Aber wenn du jeden Tag etwas tust, das alle drei Bereiche pflegt: Dann bist du jetzt schon reicher, als es nicht nur deine Eltern je waren. Sondern reicher, als es ein Großteil der Menschen in ihrem Leben je sein werden.

Versuch Aktivitäten zu finden, in denen du alle drei – Körper, Geist und Seele – gleichzeitig trainieren kannst. Für mich sind es Yoga-Sessions, vielleicht geht es dir in deiner Sportart genauso. Dann mach sie, sooft du kannst. Wenn du das nicht schaffst, mach einen Spaziergang. Schalt dabei das Smartphone für ein, zwei Stunden auf Flugmodus. Hör einen Podcast, der dich interessiert, und trink anschließend ein Radler, einen Sekt oder einen Kakao. So leicht ist es, Körper, Geist und Seele zu pflegen.

Wenn du gerne zum Gewichtedrücken ins Gym gehst und einen Freund hast, der dich oft begleitet: Spielt vorher ein Spiel, für das ihr euren Geist braucht: ein Quiz, eine Partie Schach, vollkommen egal. Wer gewinnt, kriegt einen Satz Vorsprung beim Bankdrücken. Wer am Ende mehr Sätze geschafft hat, darf sich aussuchen, wozu ihn der Verlierer einladen muss: Kino, Döner, eben irgendwas, was sich für euch wie eine gute Zeit anfühlt. Tägliches Training für Körper, Geist und Seele – wieder so eine Grundregel für den Weg zum Reichtum, die nicht zwangsläufig was mit Geld zu tun hat.

23 Du darfst Fehler machen

Das Schlimmste, was sie in der Schule mit dir machen: dich für deine Fehler bestrafen. Die Besten in der Schule sind nicht die mit den originellsten Ideen. Sondern die mit den wenigsten Fehlern. In der Schule werden wir dazu erzogen, so wenig wie möglich falsch zu machen. Aber wie, bitte schön, soll man etwas lernen, wenn man nie etwas falsch macht? Es geht nicht!

Es ist zutiefst beeindruckend, was Babys innerhalb der ersten zwei Jahre lernen: Sprechen, Laufen, Orientierung in einer Welt, die sie überhaupt nicht verstehen können. Glaubt irgendjemand, ein Baby würde das hinkriegen, wenn man es ständig für seine Fehler bestrafte? Wenn man ihm ein Zeugnis wie dieses schreiben würde: »Baby Matteo schafft es nur selten, mehrere Schritte am Stück unfallfrei zurückzulegen. Es weist große Schwächen in Gleichgewicht und Koordination auf. Note: 5.«

Ein Baby lernt, weil es sogar ermutigt wird, Fehler zu machen. Weil es keinen Ärger bekommt, wenn etwas nicht klappt. Aber sobald aus einem Baby ein Kind wird, darf es keine Fehler mehr machen. Als Teenager wird es fast zur Todsünde, Fehler zu machen. Erwachsene reden gar nicht mehr darüber, weil sie so sehr verinnerlicht haben, sich für Fehler zu schämen. Das Resultat ist Angst. Für Kinder, Teenager und Erwachsene. Wir alle suchen Strategien, um uns nur in Situationen zu bewegen, in denen wir keine Fehler machen. Deshalb bleiben Menschen in der Komfortzone. Deshalb sprechen sie ihren Crush nicht an. Sie haben Angst vor einer Abfuhr. Deshalb trauen sie sich nicht zu sagen: »Ich möchte Künstlerin werden« – Tänzerin, Malerin, Sängerin. Sie haben Angst, dass man lacht und sagt: »Mach mal lieber was Vernünftiges.«

Die – antrainierte! – Angst vor Fehlern blockiert uns. Privat. Beruflich. Bei Investments. Damit sind wir wieder bei unserem Thema. Deshalb die nächste Grundregel: Du musst Fehler machen dürfen.

Frag mal deine Eltern und ihre Bekannten. Ich wette, jemand wird dir sagen, dass er schlechte Erfahrungen mit Aktien gemacht hat. Und das verstehe ich. Richtig viel Geld zu verlieren, tut weh! Aber sollte ihn oder sie das abhalten, wie Millionen andere glückliche Aktienbesitzer zu investieren? Nein!

Ein Beispiel: Menschen kaufen jahrzehntelang Pizzen von Dr. Oetker. Sie finden sie lecker. Sie sind treue Kunden. Sie vertrauen darauf, dass das Unternehmen Pizzen herstellt, die so gut schmecken, wie eine Tiefkühlpizza schmecken kann. Sie vertrauen darauf, dass sie nicht vergiftet werden. Sie kaufen die Pizza von Dr. Oetker sogar noch lieber, wenn ihnen die Pizza der Konkurrenz überhaupt nicht geschmeckt hat und sie Bauchweh und Durchfall bekamen. Niemand würde aufhören, Pizza zu essen, weil er einmal im Leben eine schlechte gegessen hat. Aber viele Menschen würden niemals eine Aktie von Dr. Oetker kaufen, wenn sie einmal im Leben eine schlechte Erfahrung mit Aktien insgesamt gemacht haben.

Du darfst Fehler machen. Du musst sogar, wenn du wachsen willst. Als Mensch. Als Investorin oder Investor. Aber, und deshalb liest du dieses Buch, es gibt auch Fehler, die du vermeiden darfst.

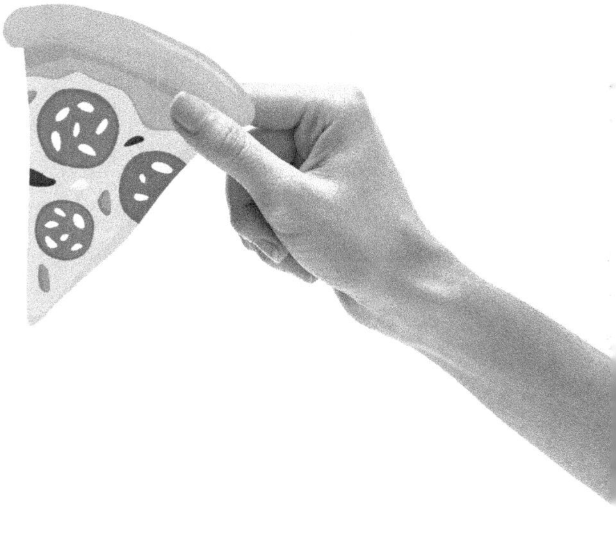

24 Vertrau keiner Bank blind

Was passiert mit deinem Geld, wenn du es nicht unter deiner Matratze versteckst, sondern zur Bank bringst? Kommt dein Geld in ein Schließfach und wartet darauf, dass du es wieder abhebst? Nein. Die Bank macht etwas mit deinem Geld. Sie macht damit, was sie will. Und du hast keine Ahnung davon.

Bevor wir weitermachen, müssen wir einen kleinen Einschub machen. Natürlich darfst du Herrn Müller oder Frau Weber von deiner Sparkasse vertrauen. Vielleicht haben die beiden schon deine Eltern und Großeltern beraten und du findest sie nett und kompetent. Es stimmt: In allen Banken gibt es Menschen, die dich mit viel Herz und Verstand beraten. Aber sie sind nun einmal an die Finanzprodukte gebunden, die ihre Bank anbietet. Selbst wenn sie es wollten: Wenn die Bank ein Finanzprodukt nicht im Angebot hat, können Herr Müller oder Frau Weber es dir nicht anbieten.

Ich möchte dich ermutigen, selbstbewusst gegenüber Bankberatern zu sein. Ein guter Berater nimmt dich ernst und will für dich das Beste – egal, ob du mit zehn Euro zu ihm kommst oder mit einer Million. Andersherum heißt das: Hau ab, wenn du dich nicht ernst genommen fühlst. Ein Berater, der dich erst ab einem bestimmten Vermögen gut behandelt, hat dein Geld nicht verdient.

Wo waren wir stehen geblieben? Also: Die Bank macht mit deinem Geld, was sie will. Als du ein Girokonto eröffnet hast, bist du einen Vertrag mit der Bank eingegangen, der das besagt: Wir, die Bank, garantieren dir, dass du an dein Geld kommst. Egal, ob du im Supermarkt in deiner Straße mit der Karte bezahlst oder in Kalifornien, Island oder am Ballermann an einem Bankautomaten Geld abhebst.

Das ist die Seite des Deals, von der du profitierst. Die andere Seite, von der du keine Ahnung hast: Für diese Auszahlgarantie darf die Bank mit deinem Geld machen, was sie will. Okay, nicht ganz, der Staat setzt dieser Freiheit Grenzen und schützt dich damit vor Missbrauch. Früher haben Banken dafür eine Art Schmerzensgeld in Form von Zinsen gezahlt. Heute zahlst du manchmal sogar drauf, wenn du dein Geld bei der Bank lässt. Man spricht dann von Strafzinsen.

Du überlässt dein Geld also der Bank. Weil du es jederzeit wiederbekommen kannst, verleihst du es. Dabei gibst du der Bank einen Vertrauensvorschuss, den sie nicht verdient.

Eine Freundin, die sich von dir 50 Euro über das Wochenende leihen möchte, fragst du wahrscheinlich: »Was willst du eigentlich machen? Stoff kaufen oder Straßenhunde retten?« Je nachdem, wie du die Antwort bewertest, entscheidest du, ob du ihr das Geld gibst oder nicht.

Versuch mal, den Berater in der Bank zu fragen, was er mit deinem Geld macht. Verlang eine Aufstellung bis auf den letzten Euro. Bei 99 Prozent der Banken hast du keine Chance. Du hast ganz einfach keinen rechtlichen Anspruch darauf. Du wirst nicht erfahren, ob die Bank dein Geld in den internationalen Edelholzhandel investiert, auch wenn du gegen die Rodung tropischer Urwälder bist. Sie kann in Fleischfabriken in Osteuropa investieren, obwohl du Vegetarier bist. Und Ölkonzernen Geld geben, obwohl du Elektroautos gut findest. Gemein, oder?

Mir wäre eine Bank lieber, die ganz offen sagt, wem sie mein Geld verleiht. Wenigstens wäre diese Bank ehrlich. Wenigstens weiß ich es. Und kann entscheiden: Möchte ich das?

WILHELM ERNST BARKHOFF – DER HIPPIE-BANKER

Kann man ein jahrhundertealtes Business wie eine Bank komplett neu erfinden und alles anders machen, als es bisher gemacht wurde? Wahrscheinlich nicht. Wilhelm Ernst Barkhoff hat es trotzdem gemacht.
Barkhoff wuchs nach dem Ersten Weltkrieg im Ruhrgebiet auf. Er sah, wie der Mensch die Natur zerstörte, um Geld zu verdienen. Und fand das ungerecht. Barkhoff verschrieb sich einem Ideal: Geld und Natur nicht als Feinde zu begreifen, sondern als Verbündete. 1974 gründete er in Bochum die *GLS Bank*, die erste Öko-Bank der Welt. Die Bank verpflichtete sich, das Geld ihrer Kunden für die gute Sache anzulegen: erneuerbare Energien, nachhaltige Landwirtschaft und soziale Projekte. Die Bank verbot sich Geschäfte mit Atomenergie, Embryonenforschung, Gentechnik oder Waffen. Was anfangs ehrlich gesagt nur ein paar freundliche Hippies interessierte. Den großen Hype um die Bank erlebte Barkhoff selbst nicht mehr. Er starb 1994. Mittlerweile, dank eines gewachsenen Bewusstseins für Klima, Umwelt und moralische Geldanlage, hat die Bank gut 300 000 Kunden – die es sehr schätzen, dass die Bank ihnen sagt, worin ihr Erspartes investiert wird. Du musst nicht die Ideale der Bank teilen. Aber sie ist, meines Wissens, die einzige Bank, die dir dermaßen transparent sagt, was mit deinem Geld passiert.

25 Du hast tausend Möglichkeiten, dein Geld zu verleihen. Nur eine brauchst du

Wenn du dein Geld auf deinem Konto liegen lässt, leihst du es der Bank. Sie macht damit im Großen und Ganzen, was sie will. Es gibt noch viele andere Formen von Verleihgeschäften: Tagesgeldkonto, Festgeld, Anleihen, Schatzbrief, Pfandbrief, Kapital-Lebensversicherung, Sparbuch, Rentenfonds – die meisten davon sind Relikte aus der Urzeit. Wenn du reicher als deine Eltern werden willst, brauchst du sie nicht. Du brauchst ein Girokonto. Das war's. Der Rest blockiert dich nur.

Ein Beispiel für etwas, das du nicht brauchst, ist die sogenannte Kapital-Lebensversicherung. Ein klassisches Verleihgeschäft, das in Deutschland viele Menschen gut finden. Extrem viele Menschen: Es gibt hierzulande mehr Verträge für Kapital-Lebensversicherungen als Menschen. Das heißt, es gibt Menschen, die mehr als eine Kapital-Lebensversicherung abgeschlossen haben.[29] Ich wette, deine Eltern haben eine. Und ein Großteil ihrer Freundinnen und Freunde auch. Dabei habe ich den Verdacht, dass sicher nicht alle von ihnen verstanden haben, wofür sie da eigentlich jeden Monat Geld bezahlen. Eine Kapital-Lebensversicherung wird oft als eine Art Todesversicherung verstanden. Man zahlt Geld ein, um sicherzustellen, dass nach dem eigenen Tod die Familie gut versorgt ist. Dabei muss man nicht zwingend sterben, damit das Geld einer Kapital-Lebensversicherung ausgezahlt werden kann. Nach Ende der Vertragslaufzeit erhält man im sogenannten Erlebensfall sein Geld zurück. Kapital-Lebensversicherung – das ist einfach ein Name für ein Produkt, der irreführend ist. So wie du Scheuermilch nicht trinken solltest und nie einen Zitronenfalter Zitronen falten sehen wirst.

Bei einer Kapital-Lebensversicherung verleihst du dein Geld für einen extrem langen Zeitraum an die Bank oder Versicherung. Im schlechtesten Fall: dein ganzes Leben lang. Es mag eine Zeit gegeben haben, in der das eine gute Idee war. In der man richtig viel Zinsen auf eine Kapital-Lebensversicherung bekommen hat. Heute musst du als Investorin oder Investor flexibler sein. Deshalb: Geh kein Geschäft ein, bei dem du für eine lange Zeit Geld verleihst.

Du machst gerade deine ersten 1000 Euro – dafür brauchst du nur ein Girokonto. Damit kannst du Geld überweisen und empfangen. Über Online-Banking kannst du 24 Stunden am Tag deinen Kontostand checken. Du kannst Geld abheben, und zwar auf der ganzen Welt. Das reicht. Zumindest erst mal. Für deine ersten 1000 Euro.

26 Mittendrin statt nur dabei – warum Beteiligen mehr Spaß macht als Verleihen

Es ist nicht gerade überzeugend, wenn man sich klarmacht, was es eigentlich heißt, Geld auf einem Bankkonto zu lagern. Du verleihst es an die Bank, hast keine Ahnung, was sie damit macht, und bekommst so gut wie keine Zinsen dafür. Danke für nichts, liebe Bank.

Cooler wäre es, wenn du mitentscheiden könntest, was mit deinem Geld gemacht wird. Oder? Das geht. Es gibt eine Möglichkeit, mit der du von Gewinnen profitieren kannst und Geschäftsentscheidungen mitbestimmst. Indem du dich an Unternehmen *beteiligst.*

Stell dir vor, du verfügst über eine größere Summe Bargeld in einem Koffer. Du weißt nicht, wohin damit. Zur Bank bringen und es auf dem Konto liegen lassen? Nö! Es in eine Versicherung stecken? Vielleicht später einmal. Was also sollst du heute machen? Vor allem, wenn du dein Geld vermehren willst? Du weißt, dass der Bäcker in deiner Straße sehr erfolgreich ist. Das nervt dich, weil du jedes Mal eine Viertelstunde für deinen geliebten New-York-Cheesecake anstehen musst. Aber du versteht: Für ihn ist das gut, sein Geschäft läuft. Auch dank dir. Schließlich kaufst du ja einmal in der Woche einen Cheesecake. Aber, denkst du dir, gibt es nicht auch eine Möglichkeit, wie du davon profitieren kannst, dass der Bäcker diesen exzellenten Cheesecake macht?

Du gehst los. Öffnest die Tür des Bäckers. Es ist kurz vor Feierabend. Ihr seid allein. Du legst den Koffer auf die Theke, zeigst dem Bäcker das Geld. Du sagst: »Lieber Bäcker, ich möchte mich an deinem Geschäft beteiligen.«

Der Bäcker antwortet dir: »Warum das denn?«

»Weil dein Cheesecake der leckerste Cheesecake ist, den es gibt.«

»Oh, vielen Dank!«

»Außerdem gefällt mir, dass du den Innenbereich vor zwei Wochen in meiner Lieblingsfarbe gestrichen hast. Ich sehe, lieber Bäcker, du gibst dir Mühe, den Laden immer hübscher zu machen. Hast du Pläne, was du gern noch machen würdest?«

»Ich hätte gerne eine Terrasse hinter der Bäckerei. Dann könnten sich die Leute bei mir zu Kaffee und Kuchen nach draußen setzen, wenn die Sonne scheint.«

»Was hindert dich?«

»Mir fehlt das Geld.«

»Was für ein Glück, dass ich meinen Geldkoffer mitgebracht habe! Das Geld darin dürfte zufällig exakt reichen für den Bau einer Terrasse inklusive Stühlen, Tischen, Sonnenschirmen und ein paar hübscher Pflanzen.«

»Willst du mir das Geld leihen?«

»Bloß nicht. Ich möchte mich an deiner Bäckerei beteiligen.«

»Was bedeutet das? Und wo soll der Unterschied zum Leihen sein?«

»Ich gebe dir das Geld, damit du deine Terrasse bauen

kannst. Du musst es mir nicht zurückgeben. Dafür bekomme ich einen Anteil von dem, was du im Laden verdienst. Wie wäre es, wenn ich nur die kleine unbedeutende Summe kriege, die du Tag für Tag mit meinem geliebten Cheesecake verdienst? Wäre doch ein fairer Deal?«

Der Bäcker ist einverstanden. Die paar Euro, die er am Tag mit Cheesecake verdient, drückt er gerne – natürlich nach Abzug seiner Kosten – bei dir ab. Schließlich zahlst du ihm eine komplette Terrasse! Ihr schlagt ein, ihr macht einen Vertrag. Darin steht: Der Bäcker bekommt von dir Geld, um seine Terrasse zu bauen. Er muss es dir nicht einmal zurückzahlen. Dafür bekommst du einen Anteil an seinem Geschäft, eine Beteiligung: und zwar in Form von jedem einzelnen Euro, den er mit Cheesecakes verdient. Heute, morgen, bis in alle Ewigkeit.

So wie in diesem Beispiel funktioniert jede Beteiligung: Einer hat Geld. Einer braucht es. Statt es zu verleihen oder zu verschenken, beteiligt sich der, der das Geld hat, am Geschäft von dem, der das Geld braucht. Im besten Fall vermehren sie das Geld gemeinsam. Im Beispiel heißt das: Dank der Terrasse kommen im Sommer doppelt so viele Kundinnen und Kunden. Alle wollen den New-York-Cheesecake. Der Bäcker verdient Unmengen an Geld. Innerhalb eines Jahres hat der Bäcker so viele Cheesecakes verkauft (und den Gewinn an dich abgedrückt), dass du das Geld wieder drin hast, das du ihm für den Bau der Terrasse ausgelegt hast. Ab jetzt verdienst du Geld. Jedenfalls so lange, wie die Bäckerei existiert.

Du hast dich an der Bäckerei beteiligt, als sie noch klein

war. Du hast an eine große Zukunft geglaubt. Und du hast dich nicht getäuscht, dein Gespür war goldrichtig!

So geht die Geschichte im besten Fall aus.

Im schlechtesten Fall hinterlässt du dem Bäcker deinen Geldkoffer. Am nächsten Tag kommt der Bäcker nicht zur Arbeit. In der Tür hängt ein Zettel: »Geschlossen wegen Betriebsferien«. Du wartest eine Woche, einen Monat, ein Jahr. Du siehst den Bäcker nie wieder. Er ist mit deinem Geld abgehauen. Seine zurückgelassene Bäckerei geht pleite. Dein Anteil an seinem Geschäft ist nichts mehr wert. Er verkauft ja keinen einzigen Cheesecake mehr. Du hast Geld verloren.

Das, was in der echten Welt bei Beteiligungen passiert, liegt irgendwo dazwischen. Damit es mindestens einmal mehr gut für dich ausgeht als schlecht, möchte ich dir ein paar Tipps an die Hand geben. Die brauchst du auch. Denn in deinem Geldkoffer (also auf deinem Girokonto) ist ja noch nicht so viel Geld, dass es reicht, um deinem Lieblingsbäcker die Terrasse zu bauen. An diesem Punkt unseres Buchs hast du 100 Euro auf deinem Girokonto. Aus denen willst du gern 1000 Euro machen.

Kriegen wir hin. Indem du dich an deinen ersten Unternehmen beteiligst.

27 Kaufe nur, was du verstehst

Im ersten Kapitel dieses Buchs habe ich dir zwei Menschen vorgestellt, die mit ihrem Business reich geworden sind. Steve Jobs, nach dessen iPhones die ganze Welt verrückt geworden ist. Und Shiny Flakes, der von seinem Kinderzimmer aus einen internationalen Drogenhandel aufgebaut hat. Einer hat etwas erfunden, was alle wollten. Einer hat mit etwas gehandelt, das vielen Menschen viel Geld wert war, weil man es nicht bei Amazon kaufen kann: Drogen. Was wir von den beiden lernen können, ist, dass ihr Weg zum Reichtum nur bedingt als Vorbild für uns taugt: normale Menschen, die normal sind, weil sie weder eine weltverändernde Idee haben noch genug kriminelle Energie, um zum *Teenage Drug Lord* zu werden.

Aber auch wir normalen Menschen möchten gerne reich werden. Wie sollen wir das schaffen? Vielleicht indem wir damit anfangen, uns das Leben eines Mannes anzuschauen, der – genau wie wir – sein Leben lang nichts Revolutionäres erfunden hat und auch nie mit etwas gehandelt hat, wofür viele Menschen viel Geld bezahlen wollten. Ein Mann, der sich aus einfachen Verhältnissen zu einem der reichsten Männer der Welt hocharbeitete. Oder anders gesagt: der Unmengen Geld machte, indem er sich mit seinem Geld an Unternehmen von anderen beteiligte.

WARREN BUFFETT – DER GEBORENE INVESTOR

Manchen ist das Reichwerden einfach in die Wiege gelegt. Warren Buffett zum Beispiel. 1936, mit sechs Jahren, kaufte er für 25 Cent Coca-Cola-Sixpacks und verkaufte die Einzelflaschen für zehn Cent weiter. Mit 15 Jahren kaufte er gebrauchte Flipperautomaten und stellte sie gegen eine Gebühr in Friseursalons auf. Mit 17 kaufte er für 350 Dollar einen kaputten Rolls-Royce und reparierte ihn von Grund auf, um ihn für 35 Dollar am Tag zu vermieten. Mit 32 Jahren war Warren Buffett Millionär. Er kaufte die Textilfabrik *Berkshire Hathaway* und baute sie Schritt für Schritt in eine Beteiligungsgesellschaft um. Über diese Firma begann Buffet damit, im großen Stil mit Aktien zu handeln. Er ist der bekannteste Vertreter des *Value Investing*. Dabei hält er sich an drei einfache Regeln. Erstens: Er investiert nur in Firmen, deren Geschäftsmodell er versteht. Zweitens: Er investiert nur, wenn die Firma wirtschaftlich gut dasteht. Gute Umsätze, gutes Eigenkapital, wenig Schulden. Drittens: Er investiert nur, wenn ihm die Verantwortlichen der Firma kompetent und ehrlich vorkommen. Buffet versucht, mithilfe dieser Regeln Firmen zu finden, deren Aktien er

heute billig kaufen kann, um sie über Jahrzehnte zu halten, in denen sich die Firma gut entwickelt – und anschließend die Aktien teuer zu verkaufen.

Heute, als mehrfacher Multimilliardär, lebt Buffet noch immer in einem kleinen Häuschen, das er 1958 für sich gekauft hat. Er gilt als bescheiden, ein Großteil seines Geldes steckt er in Stiftungen. Die Buffett Foundation etwa, die weltweit Verhütungsmittel verteilt und Frauen zu einem sicheren Schwangerschaftsabbruch verhilft. Warren Buffett ist bis heute stolz darauf, täglich Eis und Cola zu frühstücken. Dazu sagte er einmal: »Die niedrigsten Sterberaten gibt es unter Sechsjährigen. Also habe ich entschieden, mich wie einer zu ernähren.«

Wenn wir aus diesem Jahrhundertleben nur eine einzige Lektion mitnehmen, dann diese: Beteilige dich nur an Unternehmen, an die du glaubst und die du verstehst.

28 Was ist eine Aktie?

Die einfachste und für dich wahrscheinlichste Form, dich an Unternehmen zu beteiligen, sind: Aktien. Wenn du eine Aktie kaufst, gehört dir ein Mini-Mini-Mini-Mini-Anteil des Unternehmens. Bildlich gesprochen: Kaufst du an einer Aktienbörse die Aktie von, sagen wir, Borussia Dortmund oder Manchester United, gehört dir ein halber Fingernagel deines Lieblingsspielers.

Wenn du Schalker bist oder dem FC Liverpool die Daumen drückst – bitte nicht sauer sein wegen der Beispiele: Von diesen Vereinen kannst du keine Anteile an der Börse kaufen, weil die Vereine nicht als Aktiengesellschaft, als AG, organisiert sind. Wenn es nach mir gegangen wäre, hätte ich sowieso den glorreichen FC Bayern München gewählt. Der ist zwar, zum Zeitpunkt, als ich dieses Buch schreibe, eine AG, von der man Anteile kaufen könnte. Aber: Die Aktien des FC Bayern München werden nicht an der Börse gehandelt. Als Privatmensch ist es unmöglich, eine zu kriegen. Voraussetzung dafür, dass du eine Aktie kaufen kannst, ist nämlich, dass sich das Unternehmen dafür entscheidet, es Privatmenschen zu ermöglichen, sich über Aktien am Unternehmen zu beteiligen. Der FC Bayern München gibt seine Aktien nur an Großinvestoren wie die Allianz aus. Damit ist der FC Bayern aber eine Ausnahme. Die meisten Unternehmen, die Aktien ausgeben, geben sie an alle aus.

Wenn du eine Aktie von Volkswagen kaufst, gehört dir – von der Idee her – eine Schraube im Stammwerk in Wolfsburg. Kaufst du eine Aktie von Adidas, gehört dir ein Schnürsenkel, kaufst du eine von Starbucks, eine Kaffeebohne. In Wahrheit ist es etwas komplizierter und dir würde mit einer einzigen Aktie noch viel weniger gehören – aber lass uns fürs Erste mal von einzelnen Kaffeebohnen, Schnürsenkeln, Schrauben und halben Fingernägeln ausgehen.

Eine Aktie ist im Kern die Bestätigung dafür, dass du einen Anteil an einem Unternehmen besitzt. Eine Urkunde. Nach dem Motto: Hiermit bestätigen wir als Unternehmen, dass der Besitzer dieser Aktie einen Mini-Mini-Mini-Mini-Anteil unseres Unternehmens besitzt.

Der Aktienbesitz ist ein Ausdruck der Zuversicht in die Zukunft des Unternehmens. Du kaufst heute eine Aktie, weil du zuversichtlich bist, dass ihr Kurs steigt und du sie teurer verkaufen kannst. Das machst du, weil du daran glaubst, dass das Unternehmen im Wert steigt und noch erfolgreicher werden wird. Zum Beispiel glaubst du an Starbucks, weil Menschen immer schon gerne Kaffee getrunken haben und es wohl auch immer tun werden. Aber garantieren kann dir das keiner. Vielleicht kommt morgen eine revolutionäre Studie raus, die ein für alle Mal beweist: Kaffee macht dumm. Dann gehen weniger Leute zu Starbucks und mehr Leute verkaufen ihre Aktien. Der Kurs sinkt.

Die billigsten Aktien der Welt kosten den Bruchteil eines Cents. Die aktuell teuerste Aktie der Welt, die von Warren Buffetts Investmentfonds *Berkshire Hathaway*, kostet ein paar

Hunderttausend Dollar. Im Mai 2021 kostete sie exakt 429 496,7295 Dollar. Das weiß man übrigens so genau, weil diese Zahl ein großes Problem verursachte. Es war die höchste Zahl, die die Software der Börsenbetreiber anzeigen konnte. Zu mehr war das Programm technisch nicht in der Lage. Wegen Warren Buffetts Mega-Aktie musste schließlich ein Software-Update installiert werden.[30]

Wie viel eine Aktie kostet, sagt, als Wert allein, übrigens gar nichts. Vor allem nicht darüber, wie gut es dem Unternehmen geht. Unternehmen können nämlich selbst entscheiden, wie viele Aktien sie ausgeben. Warren Buffett hat extrem wenige Aktien ausgegeben. Er hat sein Unternehmen auf nur wenige Portionen verteilt, die er an der Börse anbietet. Der sogenannte Börsenwert eines Unternehmens gibt den zusammengerechneten Wert aller Aktien an. Eine einzige *Berkshire-Hathaway*-Aktie mag so teuer sein wie 3000 Apple-Aktien. Das heißt: nichts. Denn Apple hat sich eben anders entschieden. Das Unternehmen ist auf extrem viele Portionen verteilt, die an der Börse gehandelt werden. Zusammengerechnet haben die vielen Apple-Portionen einen höheren Börsenwert als die wenigen von Warren Buffett. Klingt kompliziert? Machen wir es einfacher. Ein Goldsteak kostet vielleicht 1000 Euro, ein Big Mac fünf Euro. Ein Goldsteak ist damit 200-mal so viel wert wie ein Big Mac. McDonalds verkauft täglich Millionen von Big Macs. Von Goldsteaks wird pro Tag nur ein Bruchteil davon verspeist. Alle Big Macs der Welt sind zusammengerechnet wertvoller als alle Goldsteaks der Welt. Aber bevor du jetzt zu viel an Big Macs denkst und dir schon das Wasser im Mund zusammenläuft – lass uns darüber reden, warum du stattdessen lieber daran denken solltest, dir eine Aktie von McDonalds zu besorgen.

29 Beteiligen über Aktien

Ich bin der festen Überzeugung, dass du zu Anfang in Aktien einzelner Unternehmen investieren solltest. Erstens, weil ich glaube, dass du zuerst verstehen solltest, wie Unternehmen Geld verdienen. Welche Zahlen sind wichtig, welche, die dir instinktiv wichtig vorkommen, sind in echt völlig egal? Dazu kommen wir gleich.

Wenn du Einzelaktien besitzt, siehst du die Welt mit anderen Augen. Beispiel: McDonalds. Wenn du eine Aktie besitzt, wirst du den nächsten Big Mac kritischer essen: »Mit dem Papp-Burger verdienen die wirklich Milliarden pro Jahr?« Du wirst dich in deiner Filiale umgucken und denken: »Ganz schön ungemütlich hier, vielleicht würden mehr Leute kommen, wenn man die Wände mit Holz vertäfelte statt mit Plastik.« Du wirst bei Burger King essen und dich fragen: »Ist der Burger hier besser? Hat es einen Grund, warum alle (oder keiner) meine(r) Freunde hier hingehen (hingeht)?« Vielleicht findest du es gut, dass McDonalds fast ausschließlich Rindfleisch von Tieren verwendet, die von deutschen Bauernhöfen kommen. Vielleicht wirst du auch das Video eines Tierschutzvereins über die Massenhaltung von deutschen Rindern sehen, die für billiges Fleisch geschlachtet werden – und verstehen, warum ein Big Mac fünf Euro kostet und ein Burger beim Bio-Burger-Laden um die Ecke das Dreifache. Und wenn du im Ausland zu McDonalds gehst, merkst du:

Hier ist alles ganz anders. Ein Big Mac kostet die Hälfte. Oder das Doppelte.

Ich wette mit dir: Sobald du Aktien besitzt, kommen dir plötzlich die langweiligsten Nachrichten so spannend vor wie das Staffelfinale deiner Lieblingsserie auf Netflix. Weil die Nachrichten für dich und deine Beteiligungen etwas bedeuten. Weil sie, mit dem Investorenblick gesehen, für dich und deine Beteiligungen etwas *wert* sind.

30 Du entscheidest, was ein gutes Geschäft ist

Du darfst für dich abwägen, ob du es gut findest, wie das Unternehmen Geld verdient. Ich persönlich mag Unternehmen, deren Idee die Welt für viele Menschen besser macht. Unternehmen, die ihre Mitarbeiter gut behandeln. Ich finde, dass Unternehmen mit allem Geld verdienen dürfen, was Menschen kaufen wollen. Für mich zählen auch zum Beispiel Autos und Alkohol dazu. Auch wenn ich Klimawandel und Alkoholismus schlimm finde.

Mach meine Maßstäbe nicht zu deinen. Wenn du es für falsch hältst, dass Firmen Geld damit verdienen, Autos zu bauen, die mit ihren Verbrennermotoren CO_2 ausstoßen – halt dich fern vom Beteiligen an Autoherstellern. Wenn du es falsch findest, dass Menschen Burger essen, für die Tiere leiden – halt dich von großen Fast-Food-Ketten fern. Wenn du beides in Ordnung findest, dann beteilige dich. Du kannst Pornografie und Erdöl als Geschäftsmodelle ablehnen oder super finden. Bei vielen Branchen gibt es kein *Richtig* oder *Falsch*. Es hängt nur davon ab, was du *richtig* und *falsch* findest. Oft gibt es für beide Seiten gute Argumente. Hör zunächst auf dein Bauchgefühl, informier dich und entscheide, was dich überzeugt.

31 Investieren mit Mutti-Zettel

Leider darfst du in Deutschland erst mit Aktien handeln, sobald du »voll geschäftsfähig« bist. Das wirst du automatisch, wenn du volljährig wirst. Vor deinem 18. Geburtstag kannst du ein sogenanntes Demo-Depot einrichten. Dort kannst du das Handeln von Aktien üben. Das Gute ist: Wenn du Mist baust und ausschließlich Verluste machst, verlierst du nichts. Du zahlst kein echtes Geld ein, sondern handelst mit einer fiktiven Summe. Das Schlechte daran ist: Deine Gewinne sind genauso fiktiv. Du hast nichts davon.

Deshalb möchte ich dich ermutigen. Frag deine Eltern, ob sie ein Depot für dich eröffnen. Bitte sie, deine ersten 100 selbst verdienten Euro dort einzuzahlen und dich in den Aktienhandel einsteigen zu lassen.

Wenn deine Eltern die Idee schlecht finden – mach einen Kompromiss mit ihnen aus. Du führst drei oder sechs Monate ein Demo-Depot und berichtest ihnen regelmäßig, was sich dort tut. Deine Eltern werden merken: Du meinst das ernst. Du beschäftigst dich mit Wirtschaft. Und Politik. Und den Nachrichten. Ich bin mir sicher: So überzeugst du auch skeptische Eltern.

32 Wie ein Unternehmen Geld verdient, musst du in einem Satz erklären können

Bei den bekanntesten, erfolgreichsten und größten Unternehmen der Welt weiß jeder, wie sie ihr Geld verdienen. McDonalds verkauft Big Macs. Apple verkauft iPhones. Tesla, VW und Toyota verkaufen Autos. Saudi Aramco und Exxon-Mobile verkaufen Öl und Gas. Coca-Cola verkauft Coca-Cola und Amazon verkauft: alles.

Denk dran: Du hast den Marsblick (siehe Seite 62). Dein Horizont ist weiter als der des Durchschnittsinvestors. Er endet nicht an der Stadtgrenze, nicht an den Grenzen Deutschlands. Du hast die ganze Welt im Blick. Was es nicht unbedingt leichter macht, die ersten Unternehmen auszusuchen, an denen du dich beteiligen möchtest.

Das erste Kriterium, an dem du erkennst, ob du dich an einem Unternehmen beteiligen solltest: Kannst du nach fünf Minuten Recherche in einem einzigen Satz sagen, womit sie Geld verdienen?

Nein? Dann lass es. Streich das Unternehmen von der endlosen Liste von Unternehmen, die es weltweit gibt.

Ja? Dann hast du einen Kandidaten für eine erste Beteiligung identifiziert.

Im nächsten Schritt recherchierst du weiter. Uns interessiert die Bilanz des Unternehmens. Zahlen, Zahlen, Zahlen. Aber keine Sorge: Die Zahlen zu verstehen, ist nicht so schwer. Und du brauchst keine Hacker-Skills oder Zugang zu

Geheiminformationen. Es reicht, wenn du die folgenden Stichworte mit dem Namen des Unternehmens googelst: Umsatz, Gewinn, Eigenkapital. Alle Zahlen solltest du leicht finden. Wenn nicht: Streich das Unternehmen von deiner Liste potenzieller Kandidaten für deine erste Beteiligung. Dass du die Zahlen nicht findest, muss nicht heißen, dass das Unternehmen etwas verheimlicht. Oder verstecken will, dass es vor der Pleite steht. Aber mach es dir bei der ersten Beteiligung leicht. Quäl dich nicht. Wenn du länger als fünf Minuten brauchst, um die drei Zahlen zu finden – Umsatz, Gewinn, Eigenkapital –, nimm ein Unternehmen, dessen Zahlen du leichter findest.

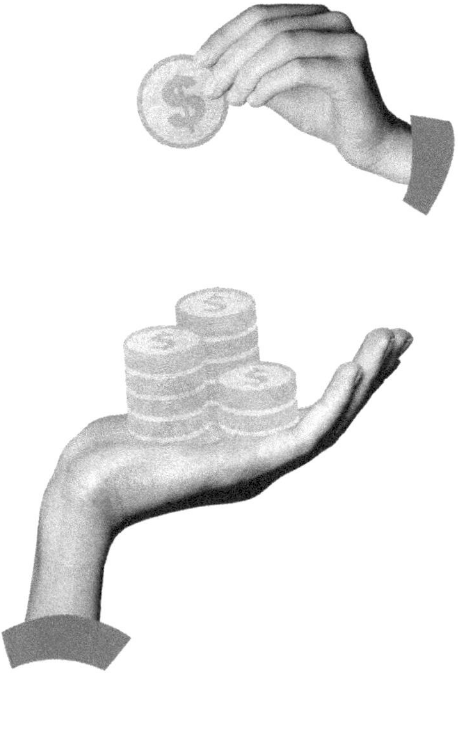

33 Let's make money: der Umsatz

McDonalds verkauft Big Macs, Apple verkauft iPhones, Tesla verkauft Teslas. Du hast verstanden, wie ein Unternehmen Geld verdient. Du kannst das Geschäftsmodell in einem Satz zusammenfassen. Zumindest theoretisch. Nun müssen wir herausfinden: Klappt das? Verdient das Unternehmen auch in der Praxis Geld? Die wichtigste Zahl dafür ist der Umsatz. Vereinfacht gesagt gibt diese Zahl an, was beim Unternehmen an Geld reinkommt.

Dein Bäcker verkauft vielleicht 3000 Stück New-York-Cheesecakes im Jahr. Jeder Cheesecake kostet drei Euro. Daraus ergibt sich ein Umsatz von: 9000 Euro.

Das Multiplex-Riesenkino in deiner Stadt verkauft jährlich vielleicht 500 000 Kinotickets.[31] Wenn jedes davon zehn Euro kostet, ergibt sich ein Umsatz von fünf Millionen Euro. Wenn jeder Besucher noch zehn Euro für Popcorn, Nachos und eine Zwei-Liter-Jumbo-Cola ausgibt, verdoppelt sich der Umsatz. Das Kino macht pro Jahr einen Umsatz von zehn Millionen Euro.

Wenn ein Autobauer eine Million Autos für jeweils 30 000 Euro verkauft, beträgt der Umsatz: 30 Milliarden Euro.[32]

Für uns ist dabei nicht wichtig, wie hoch der Umsatz ist. 30 Milliarden Euro sind nicht grundsätzlich besser, bloß weil es *mehr* sind als 30 Millionen Euro. Solange Geld reinkommt, können wir davon ausgehen, dass es dem Unternehmen gut geht. Sicher sein können wir, wenn der Umsatz jedes Jahr größer wird. Ein Unternehmen entwickelt sich gut, wächst also, wenn es Jahr für Jahr mehr Geld einnimmt – also: mehr Umsatz macht. Wenn du unsere drei Beispiele nimmst, wirst du aus der Entwicklung des Umsatzes ablesen können: Laufen Bäcker, Kino und Autofabrik, entwickeln sie sich weiter oder kaufen dort immer weniger Leute?

Als Faustregel würde ich sagen: Wenn der Umsatz in den letzten drei Jahren gestiegen ist, ist das gut. Wenn er in den letzten fünf Jahren gestiegen ist: sehr gut. Wenn er in den letzten zehn Jahren gestiegen ist: noch besser. Und, du ahnst es schon, wenn er in den letzten 20, 50 oder 100 Jahren jedes Jahr gestiegen ist: fantastisch! (Überschätz den Punkt der aufeinanderfolgenden Jahre mit gesteigertem Umsatz bitte nicht: Ein Start-up, das erst fünf Jahre existiert, kam nun einmal noch nicht dazu, bereits das 100-jährige Betriebsjubiläum zu feiern. Das macht nichts. Solange es in den vergangenen Jahren seinen Umsatz gesteigert hat, ist es weiterhin ein guter Kandidat für deine erste Beteiligung.)

34 Gute Schulden, schlechte Schulden: der Gewinn

Alle Unternehmen geben Geld aus, um Geld zu verdienen. Der Bäcker zahlt Miete für seinen Laden. Er muss Mehl einkaufen und jemanden bezahlen, der daraus Brot macht. Ein Auto besteht hauptsächlich aus Stahl, Eisen und Aluminium. Solche Rohstoffe muss der Autobauer kaufen. Er muss jemanden bezahlen, der daraus Autoteile macht. Wieder jemanden, der aus den Teilen ganze Autos macht. Und jemanden, der sich schlaue, lustige oder doofe Werbung für das Auto ausdenkt. Es ist teurer, ein Auto zu bauen, als ein Brot zu backen. Es ist sehr viel teurer, eine Million Autos zu bauen, als eine Million Brote zu backen.

Alle Ausgaben, die ein Bäcker oder ein Autobauer hat, muss er von seinem Umsatz abziehen: Kosten für Material und Personal. Dazu kommen Miete, Steuern und eine lange Liste von weiteren Kosten. Zieht man alles, was ein Unternehmen ausgibt, von dem ab, was es einnimmt, kommt eine Zahl heraus: der Gewinn. Natürlich vereinfacht erläutert.

Bei manchen Unternehmen ist dieser Gewinn sehr groß, bei manchen ist er sehr klein. Bei anderen gibt es gar keinen Gewinn. Sondern das Gegenteil: Verlust. Die Kosten sind höher als der Umsatz. Du denkst vielleicht: Klar, das sind die Geschäfte, die du aus der Innenstadt kennst. Die, die zumachen. Geschäfte, betrieben von Losern, die nicht rechnen können. Glaube ich nicht. Ich glaube, diese Läden haben sogar lange zu viel Gewinn gemacht. Und sie haben nichts damit angefangen.

Viele Riesenunternehmen, die du aus deinem täglichen Leben kennst, machen Verluste: Snapchat zum Beispiel hat noch nie einen Dollar Gewinn gemacht. Spotify und Uber auch nicht.[33] Tesla war zeitweise der wertvollste Autobauer der Welt – trotz eines Verlusts in Milliardenhöhe![34] Trotzdem hat keiner Angst davor, dass Snapchat, Spotify, Uber und Tesla morgen pleite sind. Sind all diese Unternehmen Schwindler? Großer Hype und nichts dahinter? Hört sich das jetzt ziemlich seltsam für dich an? Wenn du es mit deinem Leben vergleichst, kann ich das verstehen. Wenn deine Ausgaben höher sind als das, was du verdienst, ist das schlecht. Vor allem, wenn du zu viel für Alkohol, Lieferdienste oder Lootboxen ausgibst. Dinge also, die sehr schnell ihren Wert verlieren: Wenn du eine Dose Bier ausgetrunken hast, kannst du sie wegschmeißen. Hast du dein Thaicurry aufgegessen, hast du genauso wenig davon wie von einer Lootbox, in der nur Müll ist. Wenn du pleite bist und einen Kredit dafür aufnimmst, noch mehr Bier, Thaicurry und Lootboxen zu kaufen, dann bist du: dämlich. Sorry! Formulieren wir es so: Dann machst du dämliche Schulden. Schlechte Schulden.

Aber was, wenn du vielleicht in ein paar Jahren mit deiner Freundin oder deinem Freund eine Wohnung kaufst? Dafür macht ihr auch Schulden. Statt Miete zahlt ihr jetzt einen Kredit ab: Geld, das euch die Bank geliehen hat. Der Unterschied ist: Eines Tages habt ihr eure Schulden beglichen.

Euch gehört die Wohnung. Ihr wohnt mietfrei, wenn ihr euch nicht trennt, sogar bis zum Ende eures Lebens. Und, ein Glück, müsst ihr eure Wohnung danach weder dem Staat noch irgendwelchen Immobilienfirmen schenken. Ihr könnt die Wohnung euren Kindern übertragen, wenn ihr welche bekommt, damit die darin ihr Leben lang mietfrei leben. Ihr könnt die Wohnung auch verkaufen. Wenn ihr Pech habt, ist sie nur ein bisschen mehr wert als vorher. Ihr macht nur wenig Gewinn. Wenn es bei den Immobilienpreisen so weiterläuft, wie es momentan aussieht, ist eure Wohnung zu diesem Zeitpunkt eher doppelt, fünfmal oder zehnmal so viel wert wie vorher. Wenn du also Schulden machst, um einen Wert zu erschaffen (zum Beispiel eine Wohnung, die dir gehört), bist du schlau. Dann machst du schlaue Schulden.

Nichts anderes machen Spotify, Tesla und Snapchat. Sie machen heute Schulden, um in Zukunft richtig viel Geld zu verdienen. Spotify kauft schweineteure Musikrechte. Tesla baut riesige Werke und betreibt schweineteure Forschung. Snapchat gibt Geld dafür aus, dass immer mehr Menschen die App benutzen. Je mehr Menschen sie benutzen, und zwar kostenlos, desto mehr kann die App für die Werbepausen zwischen den Snaps verlangen.

Woran aber sollst du erkennen, wer heute vorausschauend in die Zukunft investiert – und wer blufft? Wie sollst du wissen, welche Wette wahrscheinlich zu deinen Gunsten aufgeht? Wer macht dämliche Schulden und wer schlaue? Kurz gesagt: Vergiss den Gewinn. Diese Zahl allein sagt dir nichts. Wer keinen Gewinn macht, ist entweder pleite oder reich.

Investiert in seine Zukunft oder in gar nichts mehr. Ist innovativ oder faul. Oder irgendwas dazwischen.

Wenn du das Geschäftsmodell verstehst und am Umsatz ablesen kannst, dass es funktioniert, brauchst du nur noch eine Zahl zu checken: das Eigenkapital.

35 Meins, meins, meins? Das Eigenkapital

Du kennst Geschichten von Hochstaplern. Also Leuten, die mehr aus sich machen, als da eigentlich ist: geleaste Ferraris, Austern und Champagner, bezahlt mit geklauten Kreditkarten, dazu geliehene Chanel-Kleider oder Tom-Ford-Anzüge. Alle Hochstapler fliegen irgendwann auf, weil sie eine zentrale Regel missachten: Man braucht Eigenkapital, das echt und real vorhanden ist, sonst fliegt einem die Fassade irgendwann um die Ohren.

Bei Unternehmen ist es wie bei Hochstaplern. Einfach gesagt: Wenn sie negatives Eigenkapital haben, wenn die Schulden also höher sind als das Vermögen, sind sie kurz vor der Pleite. Anders gesagt: Wenn da nichts ist, was echt ist, fliegt ihnen die hübsche Fassade um die Ohren. Was Ferraris, Austern und Chanel-Kleider bei Hochstaplern sind, sind bei Unternehmen die »Aktiva« und »Passiva«.

Gehört dem Unternehmen die Immobilie, in der es seinen Hauptsitz hat? Hat es die Sofas in der Lobby und die Tablets gekauft, geleast oder geklaut? Gehört dem Unternehmen der Firmenwagen, mit dem der CEO rumfährt? Besitzt das Unternehmen eine Kunstsammlung? Hat es Patente auf Produkte angemeldet, kann es exklusiv ein spezielles Produkt oder eine spezielle Dienstleistung anbieten? Berühmte Beispiele für Patente sind die streng gehüteten Geheimformeln für Coca-Cola oder die Big-Mac-Sauce. Hat das Unternehmen

Geld zur Verfügung und hat es Geld zurückgelegt für den Fall, dass es schlecht läuft?

Wenn du beim Recherchieren herausfindest, dass dein Unternehmen kein Eigenkapital hat oder sogar negatives – Finger weg! (Auch diese Zahl solltest du innerhalb weniger Minuten ergoogeln können. Wenn du nichts findest, streich das Unternehmen.)

Es gibt sehr viele Unternehmer, die brillante Erfinder sind, die wahnsinnig großartige Produkte haben – aber keine Ahnung davon, wie sie damit Geld verdienen sollen. Ein Erfinder, der Wirtschaft nicht versteht, ist ein Künstler. Das meine ich nicht wertend. Ich will nur feststellen: Allein die Idee für ein Produkt nützt einem genauso wenig wie allein die Idee, wie man Geld verdient. Man braucht: beides. Und ob CEOs nur eine Idee haben oder einen richtig guten Plan, erkennst du recht zuverlässig daran, ob ihr Unternehmen beim Eigenkapital im Plus oder im Minus ist.

JAN MARSALEK UND MARKUS BRAUN – DIE GEFALLENEN SUPERSTARS

Es war einmal ein kleiner Finanzdienstleister aus München, der hieß Wirecard. In den ersten Jahren des Internets wickelte diese Firma Zahlungen ab, die die etablierten Anbieter wie Visa oder Mastercard ablehnten: Glücksspiel. Und Pornos. Wirecard machte, was sonst keiner machen wollte. Das Geschäft mit OnlineCasinos und Pornos galt zwar als lukrativ, aber auch riskant. Das Unternehmen erwarb sich den Ruf, auch solche schwierigen Geschäfte seriös abzuwickeln.

Unter dem Firmenboss Markus Braun, einem deutschen Manager, und seiner rechten Hand, dem Österreicher Jan Marsalek, wurde Wirecard innerhalb weniger Jahre einer der wichtigsten Finanzdienstleister. Zuerst im Internet. Schließlich auch in der realen Welt. Im September 2018 wurde Wirecard in den deutschen Aktienindex DAX aufgenommen. Markus Braun und vor allem der junge und charismatische Jan Marsalek waren gefeierte Stars – trotz immer wieder aufkommender Gerüchte um manipulierte Bilanzen und selt-

same Vorgänge, vor allem im Asien-Geschäft. Am 18. Juni 2020 platzte die Bombe. Das Unternehmen musste zugeben, dass, nun ja, ein Betrag in Höhe von 1,9 Milliarden Euro nur auf dem Papier existierte.

Es gab dieses Geld nie. Und offenbar wussten die Chefs davon: Markus Braun wurde wegen des Vorwurfs der Vortäuschung von Einnahmen und Marktmanipulation festgenommen.

Jan Marsalek ist seither auf der Flucht vor den Behörden. Die Vorwürfe gegen ihn lauten: gewerbsmäßiger Bandenbetrug, besonders schwerer Fall der Untreue, Bilanzfälschung und Börsenmanipulation. Was wir daraus lernen? Lass dich von Erfolgsgeschichten begeistern. Aber bleib skeptisch. Besonders, wenn die Chefs wie Rockstars auftreten – und engagierte Journalisten immer wieder Zweifel an der Seriosität des Geschäftsmodells äußern.

36 Fünf Regeln, wie du ein geeignetes Unternehmen für deine erste Beteiligung erkennst

1. Verstehe, wie das Unternehmen sein Geld verdient

2. Geschäftsmodell mögen oder tolerieren können

3. Das Unternehmen macht Umsatz, der steigt

4. Der Gewinn ist dir erst mal egal

5. Das Eigenkapital des Unternehmens ist positiv

37 Dein erstes Portfolio

Deine ersten 1000 Euro solltest du niemals in eine einzige Aktie stecken. Das Risiko wäre zu groß, dass du dich falsch entscheidest. Obwohl du alles beachtet hast, was ich auf den vorherigen Seiten erklärt habe. Wenn du alles beachtest, minimierst du das Risiko, dass es schiefgeht. Aber eine Garantie gibt es nicht. Denk einmal zurück an die Hochstapler, die du kennengelernt hast. Bei denen dachte niemand daran, dass sie alle verarschen. So was kann immer passieren. Deshalb: Investier deine ersten 1000 Euro in drei Aktien.

Du weißt ja schon, dass du nicht in Unternehmen investieren solltest, bei denen du es falsch findest, wie sie ihr Geld verdienen. Obwohl es legal ist und hervorragend funktioniert: Autos, Alkohol, Erdöl. Darf man gut finden, muss man nicht. Darf man verurteilen, muss man aber nicht. Du allein weißt, welche Branchen du verachten und welche du unterstützen möchtest.

Für eine deiner ersten drei Aktien solltest du ein Unternehmen finden, das sehr groß ist, das du aus deinem Alltag kennst und das, in deinen Augen, ein gutes Geschäftsmodell hat. Du weißt jetzt, wie du überprüfst, ob das Geschäftsmodell grundsätzlich funktioniert: Denk an Umsatz und Eigenkapital. Du kannst Starbucks nehmen, wenn du gern deren Kaffee trinkst und viele kennst, die das auch tun. Du kannst Tesla, Amazon, Apple oder Microsoft nehmen, weil du merkst: Es gibt echt viele Leute, die deren Produkte haben wollen. Würde ich dir aber nicht empfehlen. Wenn du mitbekommen hast, dass dieses Unternehmen Weltmarktführer ist, weiß es auch der Rest der Welt. Das heißt: Große Kurssprünge nach oben kannst du nicht mehr erwarten. Nimm stattdessen lieber eine Aktie aus der zweiten Reihe. Firmen, die viele kennen, aber nicht alle. Du kannst Nvidia nehmen, wenn du dich für Hardware interessierst. Telefonica, weil du mit deren Handynetz sehr zufrieden bist. Converse oder New Balance, weil du die Sneaker magst (und bei Nike und Adidas klar ist: Da kommt nicht mehr viel).

Solche bekannten Aktien sind solide. Sie werden nie wahnsinnig steigen. Erwarte nicht zu viel. Eine dieser Aktien ist gewissermaßen das Fundament für dein erstes Investment. Das Fundament soll halten. Nicht mehr und nicht weniger. Das Investment ist sicher, aber langweilig. Diese erste Aktie darf von deinen drei Beteiligungen am meisten kosten. Du kannst ruhig 70 Prozent deines Investments hineinstecken.

Ein Unternehmen sollte aus der Branche stammen, die die Wirtschaft der Zukunft prägen wird: Energie. Du weißt, dass wir nur noch wenige Jahre Zeit haben, um den Klimawandel aufzuhalten. Ob du glaubst, dass das am besten durch Verzicht geht oder durch Innovationen, ist erst mal egal. Such dir, als zweite Beteiligung, ein Unternehmen aus, das eine Lösung anbietet. Das kann, je nachdem, was du richtig findest, ein Unternehmen sein, das Solaranlagen baut oder Atomkraftwerke betreibt. Das ist die zweite Stufe deines Investments. Es soll auf einem soliden Fundament stehen, aber eine spannende

Perspektive bieten, die du einfach mit den Nachrichten über den Klimawandel in eine Beziehung setzt. Wie deine Beziehung dazu aussieht, ist deine Entscheidung. Jedoch: Eine Welt, die dauerhaft auf fossilen Brennstoffen wie Öl oder Gas aufgebaut ist, hat keine Zukunft. Solche Unternehmen solltest du meiden. Diese zweite Aktie hat eine Balance aus der Sicherheit, dass alles gut ist – und dem kleinen Risiko, dass es entweder fantastisch oder furchtbar endet. Deshalb sollte sie die zweitteuerste sein. Steck ungefähr 25 Prozent deines Investments hinein.

Das dritte Unternehmen, an dem du dich beteiligen willst, solltest du selbst entdecken. Horch in dich: Was interessiert dich und sonst keinen? Was kannst du besser als andere, worüber weißt du mehr? Das kennst du schon aus dem Abschnitt, in dem es um deine ersten 100 Euro ging (siehe Seite 65). Wenn du das weißt, wird es dir leichter fallen, das dritte Unternehmen zu finden. Im besten Fall bietet es eine Lösung für ein Alltagsproblem. Je verrückter die Idee ist, desto besser. Wenn sie dich überzeugt, reicht das. Je weiter sie vom deutschen Markt weg ist, desto besser. Japan, Venezuela, Nigeria, egal! Vielleicht denkst du auch darüber nach, dieses Geld in eine völlig verrückte Kryptowährung zu stecken. Diese Anlage ist deine Risiko-Variante, die nur schwer vorherzusagen ist. Du darfst und sollst raus aus der Komfortzone. Entweder du entdeckst das nächste Apple. Das kann sein. Oder du entdeckst ein Unternehmen, das zwar eine brillante Idee hat, aber Pech, dumme Entscheidungen trifft oder das falsche Timing hat. Dieses Unternehmen verdient entweder Milliarden. Oder es geht pleite. Und du wirst bei beidem dabei sein. Diese Risiko-Aktie sollte den allerkleinsten Teil deines ersten Investments ausmachen. Da reichen fünf Prozent.

Damit hast du dein erstes Portfolio beisammen. Du bist an drei Unternehmen beteiligt. Du hast dein Risiko gestreut. Hast die Anpassung an den Klimawandel als größte wirtschaftliche Veränderung der kommenden Jahrzehnte abgebildet. Hast in ein vernünftiges Unternehmen investiert, das aber auch ein bisschen langweilig ist. Und in ein aufregendes Unternehmen, das ein bisschen verrückt ist. Jetzt musst du eigentlich: nur noch warten. Auch wenn es schwer ist.

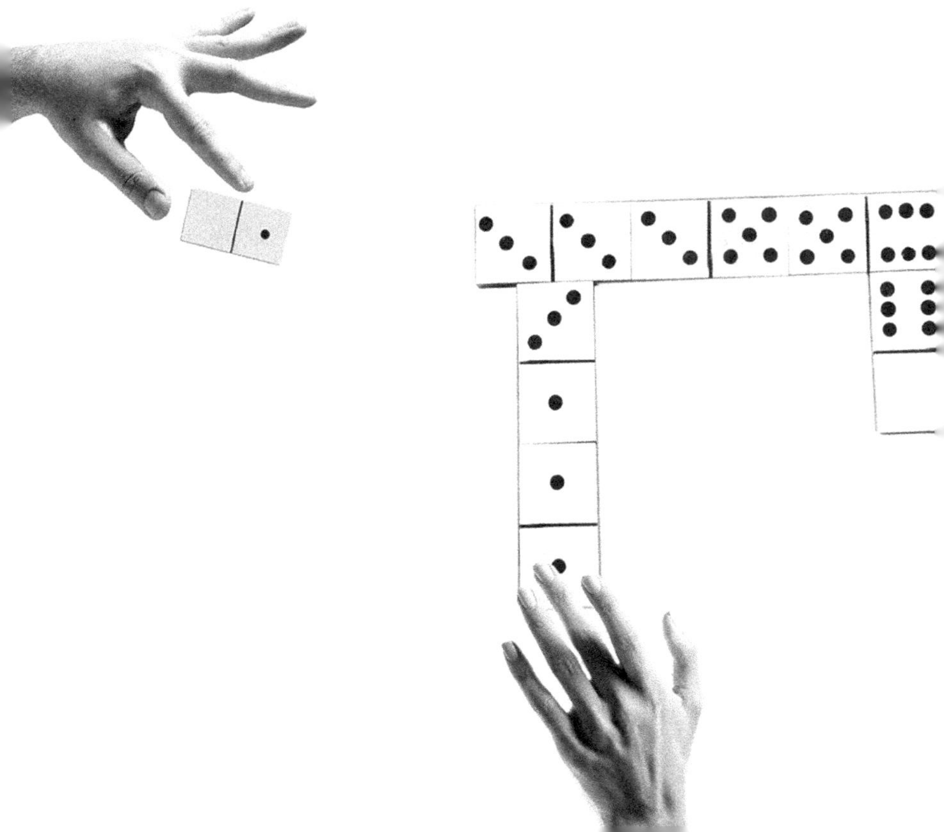

38 Hab Geduld!

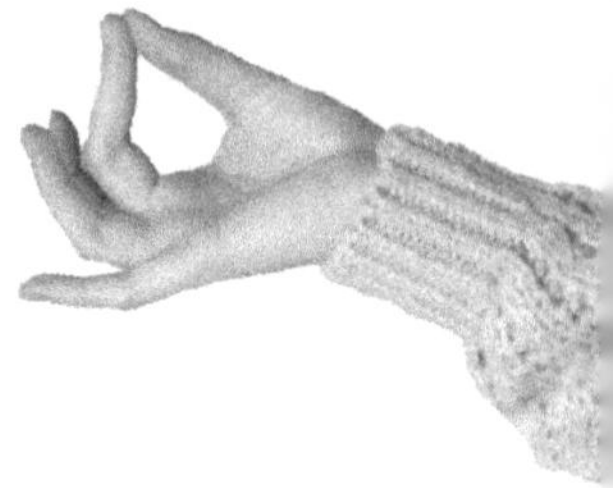

Es ist recht unwahrscheinlich, dass du mit diesen ersten Investments reich wirst. Es ist nahezu unmöglich, dass du es innerhalb von ein paar Wochen wirst. Aber du wirst die wichtigsten Grundlagen verstehen, wenn du *deine* Unternehmen über ein paar Monate verfolgst: War deine Prognose richtig, die du aus deinen Einschätzungen zum Geschäftsmodell, zu Umsatz, Eigenkapital abgeleitet hast? Wie beeinflussen Unternehmen die Welt? Wie beeinflusst die Welt die Unternehmen? Wann steigen Kurse, wann sinken sie?

Meistens steigen Aktienkurse. Egal, welchen Aktienindex (also eine Liste, in denen Kurse von einer bestimmten Anzahl Unternehmen zusammengerechnet werden) du dir anschaust. Langfristig, das heißt über Jahrzehnte, steigen Aktien.

Du siehst, dass die Aktien auch mal abstürzen. Und zwar so richtig. Zehn Prozent, 50 Prozent. Oder noch mehr. Aktien bilden, wie du weißt, den Wert von Unternehmen ab. Diese Unternehmen reagieren auf die Welt und andersherum. Wenn einzelne Aktienkurse abstürzen, hat jemand im Unternehmen eine schlechte Entscheidung getroffen. Wenn die Aktienkurse insgesamt abstürzen, liegt das oft an Krisen in der Welt. Manchmal sind es Kriege oder die Folge von Terroranschlägen. Zum Beispiel die Kriege in Afghanistan und im Irak nach dem Angriff auf das World Trade Center in New York am 11. September 2001.

Manchmal liegt es daran, dass Regierungen von Staaten gravierende Fehler machen. Ein historisches Beispiel kennst du schon: die Kriegsanleihen des Deutschen Kaiserreichs im Ersten Weltkrieg (siehe Seite 41). Ein neueres Beispiel ist die Griechenland-Krise im Jahr 2010. Der Staat hatte sich dermaßen verschuldet, dass er so gut wie pleite war. Das Problem war: Griechenland hatte gerade den Euro als Zahlungsmittel eingeführt. Wenn Griechenland beispielsweise in der Zukunft bankrott gehen würde, würde auch der Euro stark wackeln – und mit ihm alle Länder, in denen mit dieser Währung bezahlt wird.

Manchmal sind Krisen das Resultat einer ganzen Branche, die Mist gebaut hat. Die Weltwirtschaftskrise 2007/08 wurde hauptsächlich durch Banker verursacht, die viel zu vielen Menschen Kredite für Häuser boten, die sie sich nicht leisten konnten. Millionenfach konnten sie das Geld, das ihnen die Banker geliehen hatten, nicht zurückzahlen. Das Geld war weg. Für alle. Das Resultat: eine Wirtschaftskrise, die die ganze Welt erfasste.

Manchmal ist es auch so, dass niemand etwas dafür kann. Denk nur mal an den Beginn der Corona-Pandemie. Auf der ganzen Welt mussten Betriebe schließen oder hatten weniger zu tun, weil Menschen, die ausschließlich zu Hause sitzen, weniger brauchen. Mit Ausnahme von Gaming, Lieferdiensten, Online-Shops und Netflix stürzten Aktien in so gut wie jeder Branche ab.

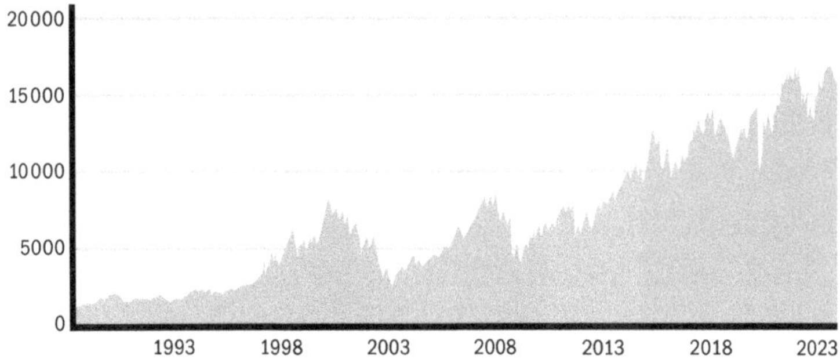

Kursentwicklung des DAX,
dem Index für die 40 größten deutschen Unternehmen

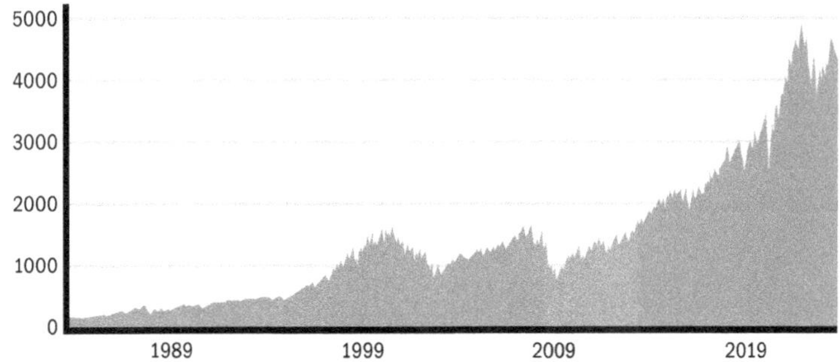

Kursentwicklung des S&P 500,
einem Index, der die größten Unternehmen aus den USA abbildet

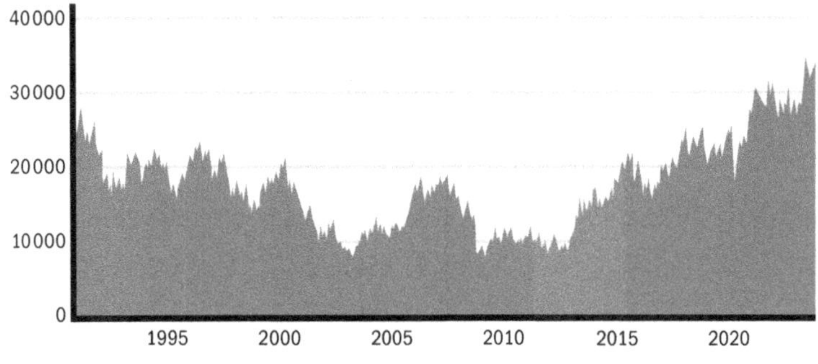

Kursentwicklung des Nikkei 225,
einem Index, der die größten japanischen Unternehmen abbildet[35]

Schau dir noch mal die Kurven der Aktienkurse aus Deutschland, den USA und Japan an. Du siehst die Dellen, die diese Krisen verursacht haben, auf den ersten Blick.

In solchen Phasen erlege ich dir strenges Depotverbot auf. Gerade wenn du am Anfang deines Investorenlebens stehst, wird es dich nur frustrieren, wenn die Kurse über Tage, Wochen, manchmal Monate fallen, fallen und fallen. Und es ist unnötig, dass dich das frustriert. Rückblickend wird der schlimmste Tag nur der letzte sein, an dem die Kurse fallen. Man sieht das nicht, wenn man drinsteckt. Glaubst du nicht? Schau dir ein letztes Mal die Kurven der Aktienkurse des DAX, des S&P 500 und des Nikkei an. Im Gegensatz zu Menschen, zum Beispiel Bankern, die Weltwirtschaftskrisen verursachen, lügen Zahlen nicht.

Beim Beteiligen ist es wie in der Liebe. Wer Liebe will, muss auch akzeptieren, dass es sie nicht immer gibt. Du musst auch akzeptieren, dass du nicht immer zurückgeliebt wirst, nur weil du das willst. Weil du einmal enttäuscht wirst, hörst du ja nicht auf, nach der großen Liebe zu suchen. Denn wie heißt es so schön: Am Ende wird alles gut. Und wenn es nicht gut ist, ist es noch nicht das Ende.

39 Gönn dir was

Du hast es geschafft! Die ersten Schritte zur Million liegen hinter dir. Und vor dir? Liegt eine Belohnung. Nimm etwas Kohle aus deinen Ersparnissen raus. Kauf dir diese Sneaker oder diese Handtasche, die du immer haben wolltest. Erfüll dir jetzt einen kleinen oder größeren Wunsch. Du hast es dir verdient – und das meine ich ganz wörtlich.

WAS WÄRE, WENN …

… WIR ALLEN MENSCHEN EIN BEDINGUNGSLOSES GRUNDEINKOMMEN ZAHLEN WÜRDEN?

Während ich dieses Buch schrieb, starb Götz Werner, Gründer der Drogeriekette *dm*, im Alter von 78 Jahren. Er hinterlässt uns eine faszinierende Karriere – und eine Idee, für die er zeit seines Lebens leidenschaftlich geworben hat: das bedingungslose Grundeinkommen. Die Idee dahinter: Von Geburt an bekommst du jeden Monat so viel Geld geschenkt, dass du davon leben kannst. Ohne etwas dafür tun zu müssen. So lange, bis du stirbst. Großartig, oder?

Mir ist klar, dass es viele Menschen gibt, die dieses Grundeinkommen einführen wollen. Aber Götz Werner war sicher einer der prominentesten. Und einer, der gänzlich unverdächtig war, revolutionäre Umsturzfantasien zu pflegen. Denn wann immer man über das Grundeinkommen sprechen möchte, kommen immer welche, die sagen: »Das ist schlimmer als Kommunismus! Das würde die Wirtschaft zerstören und, ach, gleich die ganze Gesellschaft.« »Weil«, sagen sie, »die Menschen faul werden und nichts mehr leisten.«

Was steckt hinter der Idee? Wäre sie, aus meiner Sicht, eine gute? Und: Wie lassen sich die immer wieder vorgebrachten Gegenargumente entkräften?

Wenn wir Grundeinkommen sagen, meinen wir einen Betrag, der dafür reicht, dass man wohnen und essen kann. So wäre, du erinnerst dich, die allererste Stufe der Maslow'schen Bedürfnispyramide erfüllt. Nicht mehr. Aber vor allem: nicht weniger. Es wäre genug, damit niemand frieren muss oder hungern. Das Schlimmste, was passieren würde, wäre: Wir nehmen den Menschen existenzielle Ängste. Wie man dagegen sein kann? Echt, keine Ahnung.

Das erste Gegenargument ist: Die Menschen werden faul. Glaube ich nicht. Wir sprechen wirklich nur über ein Grundeinkommen. Satt werden und wohnen können. Ich glaube, Menschen werden immer mehr als nur das wollen. Sie wollen die weiteren Stufen von Maslows Pyramide erklimmen: Sie wollen Freunde treffen, essen gehen, in den Urlaub fahren. Und dafür werden sie weiterhin arbeiten gehen. Vielleicht etwas weniger. Vielleicht würden sie, wenn die Miete und der Wocheneinkauf gesichert wären, mehr Zeit im Seniorenheim verbringen, um einsamen Omis Kirschkuchen und Kaffee zu servieren. Vielleicht würden sie im Tierheim aushelfen oder, nur für sich, Bilder malen, Keramik töpfern, ein Instrument lernen. Die Menschen hätten mehr Zeit für schöne Dinge. Und wem Karriere wichtig ist, der darf und wird weiterarbeiten.

Zweites Gegenargument: Ein Grundeinkommen ist zu teuer. Das kann sich ein Staat nicht zusätzlich leisten. Stimmt. Nicht zusätzlich. Aber die Idee, wie sie auch Götz Werner immer vertreten hat, ist: Wenn ein Grundeinkommen eingeführt wird, das ab Geburt gezahlt wird, fallen dafür sämtliche anderen Sozialleistungen, wie Bafög, Kinder- oder Arbeitslosengeld, weg. Die staatliche Rente fiele weg. Dazu muss ich sagen: Wir haben in ein paar Jahrzehnten ohnehin so viele Rentner in Deutschland, dass sich der Staat überhaupt keine staatliche Rente mehr leisten kann. Nicht wenige Rentner bekommen schon heute nur ein paar Hundert Euro Rente. Selbst für sie wäre ein Grundeinkommen ein Zugewinn an Geld – und damit: Lebensqualität.

Drittes Gegenargument: Wenn wir Menschen genug zum (Über-)Leben zahlen, wollen sie nicht mehr die Scheißjobs machen, die sie nur machen, weil sie sonst keiner macht. Abgesehen davon, dass diese Aussage ziemlich menschenverachtend ist, stimmt sie. Ich bin aber überzeugt davon, dass wir über Jobs reden, die sowieso aussterben – und von Robotern übernommen werden können: Fernfahrer, Kassiererin im Supermarkt, Reinigungskraft. Ich bin überzeugt: Viele Menschen, die in diesen Berufen arbeiten, würden ihn gerne an einen Roboter übergeben, wenn ihre Grundbedürfnisse dank des Grundeinkommens abgesichert wären.

Also – worauf warten wir eigentlich, den Traum von Götz Werner in die Tat umzusetzen?

Kapitel 3

ZEITRAUM: 5–15 JAHRE

WAS DU WIRKLICH BRAUCHST, UM DICH UND DEIN GELD ZU ORGANISIEREN, WARUM DU AN DER BÖRSE NIE IN PANIK VERFALLEN MUSST – UND WARUM DU IN DER GANZEN WELT INVESTIEREN SOLLTEST

40 Vergiss nicht, wo du herkommst

Dein neues Ziel lautet: deine ersten 10 000 Euro Vermögen. Dafür zeige ich dir in diesem Kapitel neue Werkzeuge. Und erinnere dich an alte, die du nun im größeren Maßstab anwendest. Die Zehn-Prozent-Regel, deine neuen Lieblingsbuchstaben W und B, dein Wissen, worauf du beim Umsatz, dem Gewinn und dem Eigenkapital achten musst, um zu erkennen, ob ein Unternehmen erfolgreich ist.

Es ist großartig, dass du in den ersten beiden Kapiteln so viel gelernt hast. Dein Portfolio umfasst jetzt drei Aktien. Natürlich wünsche ich dir mit deinen Aktien das Allerbeste. Einerseits. Andererseits: Ich möchte, dass du nicht durchdrehst. Dass du nicht frustriert bist, wenn es schlecht läuft, und dieses Buch als Klopapier benutzt. Bleib dran, bleib ruhig. An der Börse wird immer alles gut, versprochen. Es dauert nur. Selbst wenn du holprige Phasen erlebst – lass dich nicht verrückt machen, wenn es richtig schlecht läuft. Halt durch!

Genauso wichtig ist mir: Werd nicht gierig, wenn es richtig gut läuft. Wenn eine deiner drei Aktien überragend läuft und die anderen nicht, mach nicht den Fehler, die zwei Nachzügler zu verkaufen, um alles auf die eine Karte zu setzen. Überschätz dich nicht. Bleib deinen Prinzipien treu. Investier nicht plötzlich in Branchen, deren Produkte oder Dienstleistungen du verabscheust, nur weil dich ein oder zwei Prozent mehr Rendite erwarten. Sich überschätzen – diesen Fehler machen, in Hinsicht auf Geld, mehr Menschen, als du denkst. Das traurigste Beispiel sind sicherlich Lottogewinner, die ihren Gewinn innerhalb von Monaten verjubeln. Weil sie keine Ahnung haben, wie sie langfristig reich *bleiben*.

Was wir vermeiden wollen, ist das, was ich das »Dritte-Fahrstunden-Syndrom« nenne. Was ich damit meine? Du machst gerade deinen Führerschein. Du warst schon zwei Mal im Auto am Steuer. Du hast es bisher nicht zu Schrott gefahren. Du weißt, wie man den Blinker zum Blinken bringt und die Scheibenwischanlage zum Scheibenwischen. Du weißt, welches Pedal du treten musst, damit ein Auto schneller wird oder bremst. Rechts vor links, Anhalten an Stoppschildern, Schulterblick beim Abbiegen. Theoretisch weißt du alles und praktisch hast du es doch schon in den ersten zwei Fahrstunden ganz gut hinbekommen. Du kannst es, du bist der geborene Autofahrer. Eigentlich könnte man dich direkt als Fernfahrer einsetzen, der locker 18-Stunden-Touren ohne Pinkelpause fährt. Oder als Formel-1-Pilotin. Mit dieser Einstellung gehst du in die dritte Fahrstunde. Du würgst den Wagen ab, einmal, zweimal, dreimal. Du vergisst zu blinken und rammst beim Einparken-Üben einen Gartenzaun. Du hast dich überschätzt, weil du dir zu sicher warst. Du dachtest, du kannst alles. Keiner kann dir noch was beibringen.

In der Fahrschule hast du den Vorteil, dass ein Fahrlehrer neben dir sitzt. Er wird für dich bremsen, wenn du es vergisst. Beim Investieren sitzt kein Investmentlehrer neben dir. Wenn du dieses Buch zuklappst, bin ich weg. Und du bist auf dich allein gestellt. Deshalb, bitte: Mach beim Investieren nicht die gleichen Fehler wie in der dritten Fahrstunde.

41 Deine Buchführung: Warum du drei Konten brauchst

Wenn es darum geht, deine ersten 10 000 Euro Vermögen aufzubauen, wirst du merken: Es wird kompliziert, den Überblick zu behalten. Auf deinem Konto ist mittlerweile eine ganze Menge los: Da kommt Geld rein, das du mit dem verdienst, was du magst. Von diesem Geld sollst du zehn Prozent weglegen, um sie in deinem Depot in Aktien zu investieren. Da kann man schon mal durcheinanderkommen. Also: Du brauchst Ordnung. Du brauchst mehr als ein Konto. Nämlich drei: ein Girokonto, ein Depot für deine Beteiligungen und ein Zehn-Prozent-Konto.

Dein Girokonto ist dafür da, deinen Alltag zu regeln. Von diesem Geld gehst du shoppen, zahlst die Miete, gehst ein Bier in der Bar oder einen Tee im Café trinken. Auf dieses Konto geht außerdem alles ein, was du verdienst: dein Taschengeld, Weihnachts-, Geburtstagsgeld und das Geld aus deinen ersten Deals. Von jedem Betrag, der auf dein Alltagskonto eingeht, überweist du zehn Prozent auf dein – Überraschung! – Zehn-Prozent-Konto. Zehn Prozent sind dabei übrigens nur die Untergrenze. Du kannst auch mehr Geld überweisen. Zum Beispiel alles, was am Monatsende noch übrig ist. Nur weniger als zehn Prozent sollten es nicht sein. Setz dir diese zehn Prozent als unbedingtes Minimalziel. Es ist viel besser, wenn du über Jahre jeden Monat zehn Prozent einzahlst als einmal dein komplettes Konfirmationsgeld.

Im dritten Konto, dem Depot, bewegst du deine Aktien. Kaufst und verkaufst sie, kurzum: Du handelst mit ihnen.

Diese Dreiteilung deiner Konten – Girokonto, Depot, Zehn-Prozent-Konto – kannst du bei einer Bank machen. Das würde ich dir empfehlen, wenn du gerne dein gesamtes Vermögen auf einen Blick sehen willst. Oder bei mehreren Banken, wenn du die unterschiedlichen Konten noch mehr voneinander trennen willst. Zum Beispiel wenn du sonst in Versuchung kommst, öfter mal Beträge hin und her zu ziehen. Mach nicht den Fehler, dein Zehn-Prozent-Konto anzuzapfen, wenn es auf dem Alltagskonto knapp wird. Wenn dein Alltagskonto leer ist, bist du blank für den Monat – selbst wenn ein paar Tausend Euro auf deinem Zehn-Prozent-Konto liegen – oder, noch besser, in deinem Depot. Bleib streng in deiner Buchführung!

Wir wollen nicht Geld verdienen, einfach nur, um Geld zu verdienen. Mehr, mehr, mehr. So ein Quatsch. Wir wollen, dass Geldverdienen Spaß macht. Und einen Sinn für dein Leben und das von anderen hat. Probier deshalb einmal aus, den Konten in deinem Kopf Namen zu geben, die dir ein gutes Gefühl geben. Also nicht: Konto 1, Konto 2, Konto 3. Benenn dein Alltagskonto nach etwas, was du gerne magst: Döner-Konto, Aperol-Konto, Kino-Konto. Benenn dein Zehn-Prozent-Konto nach einem Traum, damit du einen konkreten Grund vor Augen hast, warum du Monat für Monat mindestens zehn Prozent sparst: Ferrari-Konto, Malediven-Konto, Frührente-Konto. Wenn du dich in meinen Beispielen nicht wiedererkennst, macht das nichts. Die Idee verstehst du ja:

Gerade wenn es um etwas Abstraktes wie Geld geht, hilft es, sich möglichst konkret und alltagstauglich vorzustellen, wofür du es brauchst. Kurzfristig, um im Alltag eine gute Zeit zu haben. Und langfristig in Form eines Ferraris, eines Malediven-Urlaubs, der Frührente – oder was auch immer dich dauerhaft motiviert, im Alltag auf ein bisschen zu verzichten, damit du in der Zukunft viel davon hast.

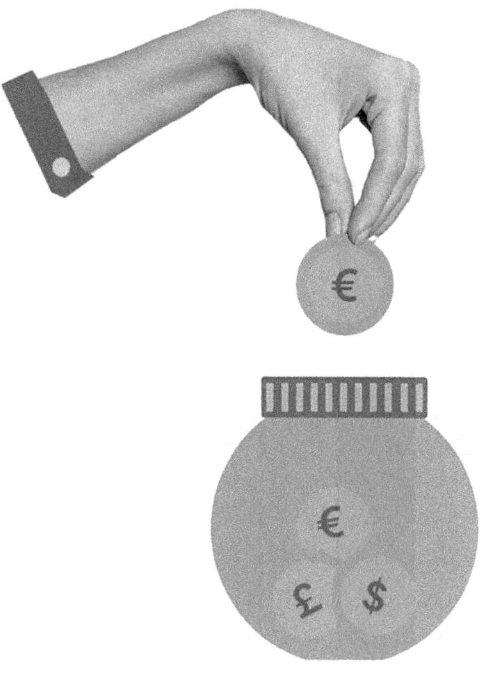

42 Die ersten drei Aktien machen dich (wahrscheinlich) nicht reich

Wie groß ist die Chance, dass du mit einer deiner drei Aktien reich wirst? Wie wahrscheinlich ist es, dass du bei einem Unternehmen einsteigst, das seinen Börsenwert innerhalb von Wochen, Monaten oder einem Jahr verhundertfacht? Ehrlich gesagt: klein. Winzig.

Wenn du ein echtes Glückskind bist, wenn eine, zwei oder alle drei deiner ersten Aktien ihren Wert verhundertfacht haben, ruf mich bitte an. Oder schreib mir eine Mail. Wenn du so einen Instinkt hast, kann ich mehr von dir lernen als du von mir.

Für alle anderen, inklusive mir, gilt: Es gibt keine absolute Sicherheit, mit Aktien reich zu werden. Wir können nur die Wahrscheinlichkeit so weit erhöhen, dass es quasi unmöglich wird, mit Aktien nicht reich zu werden. Wie das geht? Indem wir unser Risiko streuen. Wir verteilen unser Geld auf mehrere Unternehmen. Selbst wenn du dich an nur drei Firmen beteiligt hast, kann es dir fast egal sein, wenn eine davon abstürzt. Das zweite und dritte Unternehmen werden die Verluste ausgleichen. Deshalb haben wir uns ja in Kapitel 2 darauf geeinigt, dass du einen Großteil deiner ersten 1000 Euro in ein langweiliges, aber sicheres Unternehmen steckst. Und nur einen kleinen Teil in eine spannende, aber riskante Aktie.

Es ist egal, wenn du heute, im Teenager-Alter, mit deinem ersten eigenen Geld einsteigst und bei einer Aktie 100 Euro verlierst, während du bei der zweiten 150 Euro gewinnst. Nicht egal ist, wenn du mit 50 dein gesamtes Erspartes in die Hand nimmst und mit einer Aktie 100 000 Euro verlierst. Das wäre dann tatsächlich deine eigene Dummheit. Weil du einen der wichtigsten Grundsätze des Investierens missachtet hast: Streu dein Risiko!

Heute, an diesem Punkt deines Investorenlebens, darfst du Fehler machen. Musst du sogar. Es geht immer noch darum, mit wenig Kapital ein wenig Vermögen aufbauen – und gleichzeitig viel Wissen, das du später brauchst, wenn du viel Vermögen aufbauen willst.

43 Smartes Lernen, dummes Lernen

Es gibt zwei Methoden, nach denen wir Menschen lernen können: dummes Lernen und smartes Lernen. Dummes Lernen heißt: Einmal schnell auswendig lernen, das Gelernte ein einziges Mal abrufen – und anschließend alles wieder vergessen. Ich muss dir sicher nicht sagen, wo man dich zwingt, so zu lernen.

Besser finde ich: smartes Lernen. Über einen langen Zeitraum ein Thema verfolgen – freiwillig und fern von Zwang – und dabei, ganz natürlich, ein immer tieferes Verständnis entwickeln. Nur wenn du dir Zeit lässt, kannst du dir ein ausgewogenes und vor allem: ein eigenes Bild machen. Selbstbewusst und selbstbestimmt entscheiden. Diesem Prinzip folgt dieses Buch. Für deine ersten drei Aktien heißt das: Wenn du dich mit deinen Investments wohlfühlst, bleib treu. Mal ehrlich: Den Gewinn, wenn eine der Aktien mal um 30 Prozent steigt und du sie verkaufst, verjubelst du eh nur. Das Wissen, was du erwirbst, wenn du sie kaufst und aufmerksam verfolgst, wie sie steigt und fällt – dieses Wissen bleibt dir lebenslang erhalten.

44 Von einer knallroten Warnleuchte – die in Wirklichkeit gar keine ist

Wenn eine Aktie 50 Prozent an Wert verliert, werden die meisten Anleger nervös. Nett ausgedrückt. Realistisch ausgedrückt: Im Kopf schalten alle Warnleuchten auf Knallrot! ACHTUNG! Panikmodus! ACHTUNG! ACHTUNG!

In so einer Situation verkaufen manche Anleger alles, was sie haben. Mit einem riesigen Verlust. Du bist schlauer.

Du verfällst nicht in Panik. Du bleibst gelassen. Nimmst einen Kurssturz sogar als Geschenk – und kaufst Aktien nach. Stell dir das wie ein Sonderangebot im Supermarkt vor: Ist die Banane oder der Joghurt schlechter, wenn sie bzw. er reduziert ist? Hoffentlich nicht. Wahrscheinlich nicht. Sie bzw. er ist einfach nur um die Hälfte reduziert. Es ist einfach nur: ein gutes Angebot.

Du kannst dem Kursverfall mit Wissen begegnen. Seit du deine Aktien gekauft hast, hast du dich mit deiner Firma beschäftigt. Du weißt, wie sie sich entwickelt. Du weißt, was sie plant. Du kennst den Weg, den der CEO mit dem Unternehmen gehen will. Wenn du weiter an die Firma glaubst, ist ein Kursfall tatsächlich ein Geschenk für dich. Er sollte dich nie abschrecken. Sondern motivieren. Du erinnerst dich: Die allermeisten Aktien werden sich von einem Kursfall erholen. Der Tag, an dem die Aktie ihren Tiefstand hat, ist im Rückblick nur der Tag, bevor ihr Kurs wieder steigt. (Siehe Seite 138.)

45 Ab jetzt lohnt sich's: deine erste Dividendenausschüttung

Manche Unternehmen verdienen so viel Geld, dass ihnen irgendwann die Ideen ausgehen, was sie damit machen sollen. Wenn sie schon die modernsten Maschinen für die Produktion gekauft haben. Wenn sie schon die teuersten Designsofas und eine gigantische Kunstsammlung in der Firmenzentrale haben. Wenn sie auf Ökostrom umgestellt und jedem Mitarbeiter ein E-Auto geschenkt haben. Wenn sie diesen Mitarbeitern in den vergangenen Jahren drei Gehaltserhöhungen und eine gemeinsame Firmenreise auf die Bahamas ermöglicht haben – und immer noch Geld übrig ist. Dann zahlen Unternehmen Geld an diejenigen aus, die sich beteiligt haben: die Investoren. An dich. Dieses Geld nennt man Dividende.

Zugegeben, dass Unternehmen vor lauter Geld die Fantasie fehlt, wohin damit, und sie deshalb Dividenden auszahlen – das ist die fiese Interpretation. Die freundliche wäre: Das Unternehmen ist nett und erfreut, dass du dich mit Geld an ihm beteiligst, dass es dich belohnen will. Indem es sich revanchiert. Und dich am finanziellen Erfolg beteiligt.

Die Wahrheit liegt, wie immer im Leben, zwischen der fiesen und freundlichen Interpretation: Es gibt Unternehmen, die wahnsinnig viel Geld verdienen. Und sie möchten: noch mehr Geld verdienen. Wenn Unternehmen Dividenden auszahlen, ist das eine zusätzliche Motivation für Aktionäre. Wenn du dich als Investor zwischen zwei ähnlichen Unternehmen aus der gleichen Branche entscheiden musst, schaust du vielleicht darauf: Welches zahlt Dividenden aus, welches nicht? Und danach entscheidest du.

Angenommen, du besitzt Anteile an einem Unternehmen im Wert von einer Million Euro. Das Unternehmen entschließt sich, eine Dividende in Höhe von jährlich fünf Prozent auszuzahlen. Dann bekommst du jedes Jahr 50 000 Euro. Allein davon könnte man gar nicht schlecht leben. Zum Traum, von ausgezahlten Dividenden leben zu können, kommen wir später noch (siehe Seite 253).

Noch geht es bei dir um viel kleinere Beträge. Du besitzt vielleicht eine Aktie im Wert von 100 Euro und bekommst jährlich gerade mal fünf Euro ausbezahlt. Was machst du mit deiner Mini-Mini-Mini-Dividende aus deiner Mini-Mini-Mini-Beteiligung?

Ich würde die Gewinne direkt neu anlegen. Das heißt, du kaufst weitere Aktien. Allerdings weiß ich auch, dass du am Anfang Erfolgserlebnisse brauchst, um motiviert zu bleiben. Das Letzte, was ich mit diesem Buch erreichen will: dass du ein verkrampfter deutscher Sparer wirst.

Machen wir einen Deal? Die Hälfte deiner Dividendengewinne kannst du verjubeln, die andere Hälfte wird reinvestiert.

46 Der notwendige Notgroschen

Ich habe dir versprochen, dass ich dir in diesem Buch einen planbaren Weg zeigen möchte, wie du Reichtum aufbauen kannst. Wenn alles gut läuft und es niemals kompliziert wird, klappt das. Easy. Versprochen.

Aber ich kann dir nicht versprechen, dass alles auch dann easy klappt, wenn es schlecht läuft. Das ist der wahrscheinliche Fall. Leider. Es werden in deinem Leben Dinge passieren, die nervig, schlimm oder einfach nur: richtig scheiße sind. Wie man mit dem Tod eines geliebten Menschen umgeht, mit Liebeskummer oder Ängsten – darüber haben andere Autorinnen und Autoren, die davon mehr verstehen, großartige Bücher geschrieben. Ich kann dir aber dabei helfen, wie du gut mit finanziellen Tiefschlägen umgehen kannst, die das Leben für dich bereithält.

Es gibt so viel, was schiefgehen kann: Du kannst versehentlich ein gemietetes Auto kaputtfahren. Du kannst deinen Job verlieren. Deine Waschmaschine kann auseinanderfallen und einen Wasserschaden im ganzen Haus verursachen. Irgendwas wird passieren. Und wenn es passiert, ist es zu spät. Du musst jetzt dafür vorsorgen, dass dir die Vorstellung eines kaputten Mietwagens, eines Jobverlusts oder eines Wasserschadens keine schlaflosen Nächte bereitet.

Du brauchst eine eiserne Reserve. Einen Notgroschen. Ein Notfallkonto. Das kann zum Beispiel ein weiteres Girokonto oder auch ein altes Sparbuch sein. Nenn es, wie du willst, es meint immer das Gleiche: Geld, das du niemals anfasst. Nicht mal zum Investieren, wenn du gerade goldene Zeiten an der Börse voraussagst. Deine eiserne Reserve hat nur einen Zweck. Sie soll dich absichern, wenn etwas passiert, was du nicht vorhergesehen hast.

Finanzielle Notfälle sind ein bisschen wie Liebeskummer. Der tut im ersten Moment weh. Im Moment der Trennung. Einer absoluten Notfallsituation. Aber Liebeskummer tut auch zwei Tage später weh, manchmal auch Wochen und Monate. Wenn du Liebeskummer hast, sind deine Freunde für dich da. Deine Familie. Deine Lieblingslieder und Lieblingsserien. All das, woran du dich in so einer Situation wendest, hast du dir vorher im Leben aufgebaut. Und du wirst weicher fallen, wenn du dir dabei Mühe gegeben hast. Genauso ist es bei finanziellen Notfällen. Wenn du deinen Job verlierst, tut das in dem Moment der Kündigung richtig weh. Es tut aber auch nach zwei Tagen weh, wenn du merkst: Keinen Job zu haben, das heißt auch, kein Gehalt zu kriegen. Nach ein paar Wochen merkst du, dass du dich ohne dein Gehalt im Leben enorm einschränken musst. Vielleicht musst du deine Wohnung kündigen. Oder nur noch Spaghetti mit Ketchup essen. Wenn du eine eiserne Reserve für diese Zeit hast, fällst du weicher.

Eine eiserne Reserve in Höhe von zwei Monaten deiner Fixkosten ist gut. Drei sind besser. Sechs sind Luxus. Ich weiß, es nervt, sich Geld abzusparen und es nicht auszugeben für schöne Dinge. Oder es zu investieren, damit es sich vermehrt. Aber glaub mir, du wirst ruhiger schlafen, wenn du weißt, da liegt ein Batzen Geld, an das du im Notfall rankommst.

47 Warum man nicht nur Geld auf ein Konto einzahlen kann – sondern auch Vertrauen

In Freundschaften und Partnerschaften besteht im Idealfall ein Vertrauenslevel von 100. Du hast vollstes Vertrauen. Darin, dass dein Freund oder deine Freundin nachts nach Hause kommt, wenn sie oder er es dir verspricht. Du bist dir sicher, dass dein Kumpel dir die zehn Euro zurückgibt, die du ihm geliehen hast. Wenn dich andere enttäuschen, sinkt das Vertrauenslevel. Wenn du oft enttäuscht wirst, sinkt es immer weiter. Wenn es den Nullpunkt erreicht, beendest du die Beziehung.

Du leihst dem Kumpel kein Geld mehr, der es dir nicht zurückgibt. Du schmeißt den Mitbewohner raus, der jeden Monat vergisst, die Miete zu überweisen. Du lässt dich scheiden, wenn du herausfindest, dass dein Mann spielsüchtig ist und euer Auto und das Haus beim Roulette verloren hat.

Bei allen Beziehungen, die mit deinen Finanzen zu tun haben, sollte es genau andersherum sein. Mit ihnen startest du bei Vertrauenslevel null. Es gibt keinen Vorschuss. Alle, die mit deinen Finanzen zu tun haben, müssen sich dein Vertrauen erst erarbeiten. Anders gesagt: Sie müssen auf dein Vertrauenskonto einzahlen. Diesen Grundsatz solltest du dir zu Herzen nehmen. In diesem Kapitel und besonders in den folgenden, in denen es um noch größere Summen gehen wird, ist es sehr wichtig, dass du dich nur mit denen einlässt, die vorher auf dein Vertrauenskonto eingezahlt haben.

Zu Beginn dieses Buchs, im Vorwort, habe ich dir im Schnelldurchlauf meine Lebensgeschichte erzählt. Mir war wichtig, dass dieser Teil am Anfang steht, weil ich glaube: Du solltest mich erst mal kennenlernen, bevor du mir ein einziges Wort glaubst, was ich dir erzähle. Mein Ziel war es, erst einmal auf dein Vertrauenskonto einzuzahlen, bevor du darauf vertrauen kannst, was ich dir erzähle.

Das Fiese ist, dass die meisten Menschen, die mit deinem Geld zu tun haben, weniger zuvorkommend sind. Kein Unternehmen, keine Bank und kein Anlageberater kommt zu dir, um dich davon zu überzeugen, dass du ihm vertrauen solltest. Du musst selbst recherchieren. Schauen, ob eine Bank eine deutsche Banklizenz hat. Ob ein Unternehmen ein positives Eigenkapital hat (siehe Seite 129).

Es gibt nur eine einzige Gruppe von Menschen, die dich anschreien werden: VERTRAU MIR! ICH MACH DICH REICH! Das sind die Scharlatane. Die Typen auf YouTube, die vor giftgrünen Lamborghinis posieren und sagen: Du willst reich werden? Das kann jeder! Garantiert! Dafür musst du nur mein Seminar für 4999 Euro buchen.

Eine Faustregel für dich: Wer dir sehr laut und ausführlich erzählen muss, wie *seriös* er ist und dass der Reichtum *garantiert* ist – Finger weg!

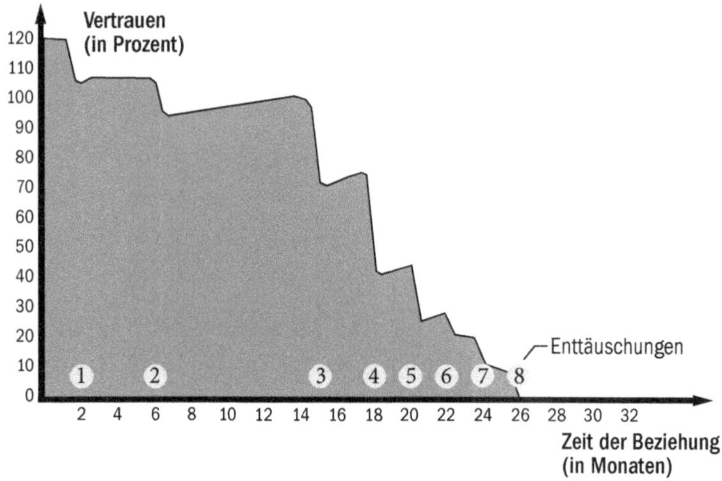

1. Die Partnerin/der Partner hat nur vorgegeben, dein Haustier zu mögen
2. ... lädt dich ins Kino ein, ohne Geld dabei zu haben
3. ... kommt eine Stunde zu spät zu dem Dreigängemenü, das du gekocht hast
4. ... fährt an deinem Geburtstag lieber zu Mutti
5. ... hat dieses Buch nicht gelesen
6. ... rülpst auf Partys und macht dich vor Freunden runter
7. ... glotzt aufs Smartphone, während du dich nackt auf dem Bett rekelst/deine Muskeln spielen lässt
8. Du erwischst sie/ihn bei einem Date

48 Strukturvertrieb – ein Nebenverdienst für Fortgeschrittene

Wenn es dir als Investor ernst ist (und das ist es, sonst hättest du nicht bis hierhin gelesen), wirst du sicherlich einmal jemandem begegnen, der dir irgendein Super-System zum Geldverdienen vorstellt: Nahrungsergänzungsmittel, Versicherungen, Cremes, Küchenmaschinen. Ich spreche von Strukturvertrieben. Andere Worte dafür sind: Direktvertrieb, Network-Marketing, Multi-Level-Marketing.

Mir ist wichtig, dass du darin erst mal ein weiteres Werkzeug siehst, mit dem du Geld verdienen kannst, um es zu investieren. Es ist aber, ganz deutlich, ein Werkzeug für Fortgeschrittene. Bei dem du gut aufpassen musst, damit du nicht an die falschen Leute gerätst.

Deshalb eine kleine Checkliste, mit der du unterscheiden kannst, ob du ein gutes und ehrliches Geschäft machen kannst. Oder, ohne es zu wollen, in einem System landest, das Menschen verarscht.

- Es gibt ein handfestes Produkt, das du verkaufst. Dieses Produkt hat einen Nutzen für Menschen. Du kannst das Produkt und seinen Nutzen in ein bis zwei Sätzen erklären.
- Der Nutzen des Produkts ist von unabhängigen Stellen (zum Beispiel Stiftung Warentest oder dem TÜV) bestätigt. Bei einer Internetrecherche findest du nichts, was dich daran zweifeln lässt, dass es sich um einen

seriösen Vertrieb handelt. Keine Vorstrafen des Gründers. Keine Aussteiger, die vor dem Vertrieb warnen.

- Das Einsteigen in den Vertrieb ist einfach. Du brauchst keine großen Summen investieren, um dabei zu sein. Am besten wäre: Der Einstieg ist umsonst.
- Du gehst nicht übermäßig in Vorkasse. Konkret: Du kaufst keine 10 000 Vitaminpillen, mit denen du erst Geld verdienst, wenn du sie alle verkauft hast. Und auf deren Kosten du sitzen bleibst, wenn du es nicht schaffst.
- Du kannst den Vertrieb jederzeit verlassen.
- Du wirst nicht dauernd dazu motiviert, andere Menschen zu ermutigen, in den Vertrieb einzusteigen. Auf gar keinen Fall verdienst du dein Geld ausschließlich damit, andere Menschen in den Vertrieb zu holen.

Wenn du nur einen einzigen Punkt nicht mit Überzeugung abhaken kannst – lass es. Finger weg. Uff, ich weiß. Wie gesagt, Direktvertrieb ist etwas für Fortgeschrittene. Einerseits. Andererseits: Mit sehr großer Wahrscheinlichkeit kennst du Tupperware. Diese Plastik- oder Glasdosen, in denen man so ziemlich alles aufbewahren kann. Oder Staubsauger der Firma Vorwerk. Die meisten Tupperdosen und Vorwerk-Staubsauger werden im Direktvertrieb verkauft. Selbstständige Vertriebler veranstalten kleine Partys, bringen Dosen und Staubsauger mit und preisen die tatsächlich unbestreitbaren und in vielen unabhängigen Tests bestätigten Vorteile der Produkte an. Wie toll der Staubsauger staubsaugen kann. Wie viel in eine Dose reinpasst.

Zusammenfassend: Direktvertriebe sind nicht grundsätzlich schlecht. Im Gegenteil. Eigentlich sind sie eine sehr gute Gelegenheit, um sich Geld dazuzuverdienen. Ich würde dir aber dringend raten: Halt dich an die Checkliste. Sei dabei streng. Und: Mach es, wenn überhaupt, nur als Nebenverdienst.

SARA BLAKELY – DIE JÜNGSTE SELFMADE-MILLIARDÄRIN

Hätte Sara Blakely nicht die Aufnahmeprüfung an der Law School verhauen, wäre der Welt eine großartige Unternehmerin entgangen. Auf der Suche nach einer neuen Perspektive begann Blakely in Florida Mitte der 90er-Jahre damit, Faxgeräte im Direktmarketing zu verkaufen. Sie lief von Tür zu Tür, ein anstrengender Job, in dem sie extrem erfolgreich war. Schon mit 25 gehörte sie zu den Top-Direktmarketing-Fax-Verkäuferinnen der USA. Während dieser Touren durch das feuchtwarme Florida ärgerte sie sich tierisch über die Strumpfhosen, die sie als Teil ihres Verkäuferinnen-Outfits tragen musste. Zu warm, zu kratzig. Einfach nervig. Eine Alternative gab es nicht. In ihr reifte eine Idee: Wenn es keine Strumpfhosen gibt, die mir gefallen und meinen Ansprüchen genügen, wird es wahrscheinlich vielen Frauen so gehen. Wenn es keine Strumpfhosen gibt, muss ich sie wohl selbst erfinden. Ein Jahr lang arbeitete Blakely an einem Prototypen ihrer *Spanx*-Strumpfhosen. Als sie das fertige Produkt zum ersten Mal im Teleshopping präsentierte, verkaufte sie innerhalb von sechs Minuten 8000 Strumpfhosen. Und als dann auch noch die Talk-Königin Oprah Winfrey *Spanx* zu ihrem persönlichen Lieblingsprodukt des Jahres ausrief, ging es richtig los. 2013, nur 15 Jahre nachdem Blakely den ersten Prototypen von *Spanx* in Handarbeit gefertigt hatte, war sie: die bis dahin jüngste Selfmade-Milliardärin aller Zeiten. Dass eine Idee aber nur so gut ist wie die Menschen, die an sie glauben, hat Blakely nie vergessen. Als sie 2021 große Anteile ihres Unternehmens an einen Großinvestor verkaufte, schenkte sie jedem Mitarbeiter zwei Erste-Klasse-Flugtickets. Das Ziel konnten die Mitarbeiter frei wählen. Blakely lag es am Herzen, ihren Mitarbeitern einen Traum zu erfüllen – als Dank dafür, dass sie ihren Traum wahr gemacht hatten.

49 Investier dein Geld in künstliche Intelligenz *und* Bio-Schweinefilet

An der Börse gibt es verschiedene Wetterlagen. Es wird stürmisch, wenn die Kurse fallen. Wenn die Kurse steigen und steigen und steigen, fühlt es sich an, als würde der Sommer gar nicht mehr vorbeigehen.

Die einfache Schlussfolgerung daraus wäre: Wenn es stürmisch wird, sind die Zeiten halt schlecht. Dann bleibst du drin: Playstation oder Netflix an, Welt aus. Wenn die Sonne scheint, ist alles gut. Dann gehst du raus und genießt das Leben. Im Alltag stimmt das. An der Börse nicht. Da ist nämlich jede Wetterlage, ob stürmisch oder sonnig, eine Chance zum Geldverdienen. Die einzige Voraussetzung: Du musst das Risiko streuen. Also: In möglichst unterschiedliche Branchen investieren. Finanzprofis nennen das *Allokation*.

Stell dir vor, morgen verbieten alle Regierungen der Welt, dass Strom aus Öl und Gas hergestellt werden darf. Übermorgen sind sämtliche Unternehmen pleite, die ihr Geld mit Öl und Gas verdienen. Gleichzeitig werden Unternehmen irre reich, die Solaranlagen und Windräder bauen. Wenn einer an der Börse verliert, heißt das gleichzeitig: Ein anderer gewinnt. Es ist wichtig, dass du das weißt. Und für dich nutzt. Indem du möglichst gegensätzlich investierst. Also: In Öl-Konzerne *und* Start-ups für Solartechnik. In etwas Abstraktes wie künstliche Intelligenz *und* in etwas

Handfestes wie Bio-Schweinefilets. In Regenschirm-Fabriken *und* Eisdielen. In Badehosen-Hersteller *und* die von Winterjacken. In Sportwagen *und* Fahrräder.

50 Investieren ist wie Kochen: Die richtigen Zutaten für den Fonds entscheiden

Im letzten Kapitel habe ich dich ermutigt, in drei Aktien zu investieren. Du solltest lernen, wie Aktien funktionieren. Lernen, wie die Welt die Börse beeinflusst und andersherum. Vor allem solltest du lernen, dein Risiko zu streuen. In den letzten Kapiteln ging es um: Grundlagen. Nun starten wir richtig durch. Indem wir die Grundlagen im größeren Maßstab anwenden.

Jetzt, bei deinen ersten 10 000 Euro, sollst du dein Geld nicht mehr in drei Aktien investieren. Sondern – bildhaft gesprochen – in Hunderte Regenschirm-Fabriken *und* Eisdielen. In Tausende Sportwagen- *und* Fahrradhersteller. Je mehr Unternehmen, desto kleiner das Risiko jedes einzelnen Investments.

Nun hast du die Möglichkeit, die Schule zu schmeißen, deine Ausbildung oder dein Studium und dazu sämtliche sozialen Kontakte zu killen, um 20 Stunden am Tag Tausende Aktien zu beobachten und sie zu handeln. Das ist ziemlich anstrengend. Deshalb: Gib dein Geld jemandem, der genau das tut. Aktien auswählen, beobachten, kaufen und verkaufen. Du steckst dein Geld in einen Aktienfonds. Also in ein Finanzprodukt, das aus vielen Aktien besteht. Dabei unterscheiden wir drei Ansätze, wie ein Fonds verwaltet wird. Oder, besser gesagt, von wem:

- dem menschlichen Fondsmanager
- dem Fondsmanager-Roboter
- dem *Exchange-traded Fund*, einem sogenannten ETF.

51 Der menschliche Fondsmanager

Theoretisch kannst du jemanden dafür bezahlen, der ausschließlich für dich Aktien aussucht, sie kauft und beobachtet und sie verkauft, wenn die Kurse steigen: einen Fondsmanager. Jemanden wie Warren Buffett (siehe Seite 111). Oder jemanden, der an Elite-Unis in London oder Paris studiert hat, seit 20 Jahren im Geschäft ist und dafür bekannt ist, jeden Aktien-Geheimtipp schon lange vor allen anderen zu kennen. So jemanden anstellen – kannst du machen. Theoretisch. Praktisch müsstest du so einem Vollprofi ein Millionen-Gehalt zahlen, drei Dienstwagen und eine unlimitierte Kreditkarte für Erste-Klasse-Dienstreisen zur Verfügung stellen. Sagen wir mal so: Wenn du nicht gerade zu den zehn reichsten Menschen auf der Welt zählst, ist das zu teuer für dich. Für mich auch. Und für die gesamte restliche Menschheit, die eben nicht zu den zehn reichsten gehört, genauso.

Eine realistische Möglichkeit für dich ist es, in einen Fonds zu investieren, den ein Vollprofi zusammengestellt hat – und zwar nicht für irgendeinen Milliardär, sondern für alle: einen sogenannten *aktiv gemanagten Fonds.*

Bei den Profis, die eigene Fonds zusammenstellen, hat jeder sein Erfolgsgeheimnis. Manche setzen vor allem auf Aktien von Unternehmen, die Rohstoffe wie Gold oder Ähnliches fördern.[36] Manche sind der Meinung zu wissen, dass gewisse Unternehmen heute vollkommen unterschätzt sind.

Obwohl die nackten Zahlen oder das Geschäftsmodell etwas anderes versprechen, nämlich: Das wird eine totale Rakete![37]

Andere Fondsmanager investieren in Immobilien in Metropolen. Sie kaufen Häuser, Bürotürme und Wohnungen, weil sie glauben, dass sie sie in einigen Monaten oder Jahren teurer verkaufen können.[38] Sie wollen Werte steigern und in der Zwischenzeit: Miete kassieren. Andere haben sich auf eine einzelne Branche wie Medizintechnik spezialisiert oder auf Wirtschaftsräume, etwa Europa, Asien, Südamerika.[39] Natürlich glaubt jeder von ihnen, den richtigen Weg zum ultimativen Reichtum gefunden zu haben.

Bei einigen wenigen dieser Fondsmanager stimmt das sogar: Sie werden irre reich – und die Menschen, die ihnen ihr Geld anvertrauen, ebenfalls. Aber: Auch Menschen wie sie irren sich. Sorry, aber es gibt mehr aktiv gemanagte Schrott-Fonds als gute. Das liegt in der Natur der Menschen und der Sache. Niemand kann mit absoluter Sicherheit vorhersagen, wie sich die Weltwirtschaft entwickeln wird. Keiner kann jede Nachricht lesen, jedes Unternehmen kennen, die Weizenpreise in Peru im Februar 1962 oder den aktuellen Wechselkurs von Dollar auf Euro bis auf die 35. Nachkommastelle. Menschen sind nicht allwissend. Eine Software könnte all das wissen.

52 Der Roboter, der Geld investiert

Stell dir eine künstliche Intelligenz (KI) vor, ein Computerprogramm, das Zugriff auf sämtliche Finanzinformationen dieser Erde hätte. Alle Kurse, aktuell und historisch. Sämtliche Artikel und Dokumentationen, die jemals zu einem Unternehmen oder einem CEO erschienen sind. Jeden Preis für jedes Produkt, jede Dienstleistung und jeden Rohstoff. Eine unbestechliche KI, die sich nie von Emotionen wie Angst oder Gier leiten lässt. Die immer sachlich und kühl entscheidet. Die zum optimalen Zeitpunkt kauft und verkauft. So eine KI müsste eigentlich der perfekte Investor sein. Oder?

Vielleicht wird es eines Tages so weit sein. Momentan ist es noch so, dass Menschen den Maschinen überlegen sind. Warum? Ein Mensch hat ein Bauchgefühl, auf das er hören kann. Er kann Entscheidungen treffen, die sich als richtig erweisen, obwohl die einzelnen Parameter einem Computer gesagt hätten: Es ist extrem unwahrscheinlich, dass dieses Investment zum Erfolg führt – also: nicht kaufen! Dieses Bauchgefühl kann man auch Intuition oder Instinkt nennen. Computer haben das nicht. Deshalb gibt es bis heute keinen Roboter-Fondsmanager, der menschlichem Denken überlegen wäre.

Ob das immer so bleibt? Das weiß ich nicht. Vor der Erfindung des Internets hätte ich nicht einmal davon geträumt, dass ich in Sekunden jeden Aktien- oder Wechselkurs der Welt aufrufen kann. Oder in zwei Minuten alles über einen Sportgerätehersteller aus Polen oder Südafrika herausfinden kann. Es ist also sehr gut möglich, dass es eines Tages keine menschlichen Fondsmanager mehr braucht, sondern Computer diesen Job viel besser können. Wann dieser Tag kommt? Das kann ich nicht vorhersagen.

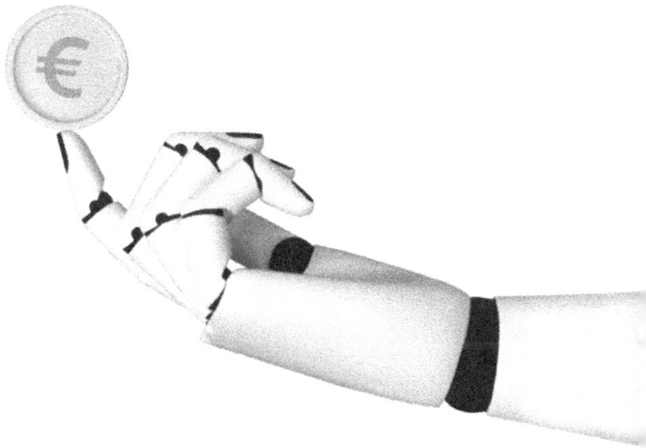

53 Das Rundum-sorglos-Paket: der Exchange-traded Fund (ETF)

Neben den menschlichen und Roboter-Fondsmanagern gibt es noch die Möglichkeit, in einen sogenannten Exchange-traded Fund, kurz ETF, zu investieren. Mit einem ETF kannst du dich einfach und so gut wie idiotensicher an Hunderten, ach was, Tausenden Unternehmen beteiligen, ohne dich um die Einzelaktie kümmern zu müssen. Klingt ziemlich bequem, oder?

Ist es auch. Wir müssen nur ein paar Grundlagen verstehen. Am besten geht das, wenn wir uns einmal anschauen, wie ein ETF in deinem Depot aussehen könnte. Zum Beispiel so:

iShares MSCI World UCITS – USD ACC

Oder so:

Lyxor STOXX Europe 600 UCITS – EUR DIS

Nehmen wir dieses Zahlen- und Buchstabenwirrwarr mal auseinander.

iShares *MSCI World UCITS – USD ACC*

Lyxor *STOXX Europe 600 UCITS – EUR DIS*

Ganz vorne steht das Unternehmen, das den ETF anbietet. Das können eigene Anbieter sein, die sich auf ETF spezialisiert haben, oder Banken. Diesen ersten Teil googelst du am besten einmal und schaust, ob es sich um ein seriöses Unternehmen handelt.

iShares **MSCI World** *UCITS – USD ACC*

Lyxor **STOXX Europe 600** *UCITS – EUR DIS*

Dieser Teil des ETF-Namens gibt an, welche Aktien darin enthalten sind. Dabei bildet jeder ETF einen sogenannten Index ab. Den *Deutschen Aktienindex DAX* kennst du schon. Dieser Index bildet die 40 größten deutschen Unternehmen ab, von denen du Aktien kaufen kannst. Sein amerikanisches Gegenstück ist der *Dow Jones*, der die 30 größten Unternehmen der USA abbildet. »Pah«, denkst du, »30 oder 40 Unternehmen – wie öde!« Du willst doch weltweit investieren. 100 Aktien, 500 Aktien, 1000 Aktien. Sehr gut! Du hast den Zweck eines ETF verstanden: Er bildet einfach nur einen Markt ab. Der *STOXX Europe 600* zum Beispiel zeigt die 600 größten Unternehmen aus Belgien, Dänemark, Deutschland, Finnland, Frankreich, Irland, Italien, Luxemburg, den Niederlanden, Norwegen, Österreich, Polen, Portugal, Schweden, der Schweiz, Spanien und Großbritannien an. Das ist schon mal nicht schlecht. Aber wenn wir dein Risiko wirklich streuen wollen, dann solltest du dir einen Index suchen, der die ganze Welt abbildet. Zum Beispiel den *MSCI-World-Index*. Der bildet 1600 Unternehmen ab, von denen du Aktien kaufen kannst – 1600! Wenn davon morgen zehn Unternehmen pleitegehen, merkst du das nicht einmal, weil die übrigen diese Verluste ausgleichen werden.

iShares MSCI World **UCITS** *– USD ACC*

Lyxor STOXX Europe 600 **UCITS** *– EUR DIS*

Die Abkürzung UCITS steht für »Undertakings for Collective Investments in Transferable Securities«. Das ist eine

Anlagerichtlinie, die den Anlegerschutz innerhalb der Europäischen Union regelt. Diese Abkürzung bedeutet, dass der Anbieter oder die Bank das Geld, das du in ihren ETF gesteckt hast, in einem sogenannten Sondervermögen aufbewahrt. Heißt: Wenn die Bank pleitegeht, ist dein Geld sicher. Es gehört nicht zum Vermögen der Bank, das im Fall einer Pleite gepfändet wird.

In Deutschland ist es bei den Finanzen ein bisschen wie beim Bier. Eine Brauerei darf nur »Bier« auf die Flasche drucken, wenn sich darin ein nach dem Deutschen Reinheitsgebot gebrautes Bier befindet. Ein »Bier« darf nur Gerste, Hopfen und Wasser enthalten.[40] Es gibt auch eine Art Finanz-Reinheitsgebot: Anbieter und Banken dürfen nur »ETF« draufschreiben, wenn das Geld darin in einem Sondervermögen liegt. Achte darauf. Beim Bier. Und beim Geld.

iShares MSCI World UCITS – **USD** *ACC*

Lyxor STOXX Europe 600 UCITS – **EUR** *DIS*

In welcher Währung der ETF gehandelt wird, gibt dieser Teil des Namens an: Euro und Dollar sind dabei die häufigsten, die dir begegnen werden. Beide sind gut.

iShares MSCI World UCITS – USD **ACC**

Lyxor STOXX Europe 600 UCITS – EUR **DIS**

Du hast schon gelernt, dass manche Unternehmen Dividenden an ihre Aktionäre ausschütten. Diese Dividenden kannst du dir, wie alle Erträge aus deinen Geschäften, auszahlen lassen.

Bei ETFs gibt es zwei Methoden, wie sie mit Dividenden umgehen. Ein sogenannter thesaurierender ETF, abgekürzt mit ACC (»Accumulating«), reinvestiert ganz automatisch deine Erträge. Er kauft davon neue Aktien. Ein ETF mit dem Kürzel DIS (»Distributing«) im Namen überweist dir diese Erträge auf dein Konto. Hier gibt es keine richtige oder falsche Entscheidung. Ich persönlich finde eine davon besser – du vielleicht die andere. Deshalb: Mach es so, wie du es für richtig hältst. Aber, du weißt, was jetzt kommt: Wenn du dir die Dividenden auszahlen lässt – die Hälfte davon weglegen und reinvestieren!

Ein weiterer Vorteil von ETF ist: Du kannst damit auch Sparpläne abschließen. Gerade wenn du keinen Riesenbatzen Geld hast, mit dem du Aktien kaufen kannst, kannst du dir einen Sparplan einrichten, mit dem du jeden Monat automatisch einen bestimmten Betrag in deinen ETF investierst. Je früher du anfängst, desto länger bist du dabei und desto mehr Geld kommt bei dir an, ohne dass du etwas dafür tun musst.

Den letzten Satz solltest du dir drei oder vier Mal unterstreichen, einkringeln, mit Blumen oder Herzen versehen. Warum? Das kommt jetzt.

54 Das achte Weltwunder

Es gibt keinen perfekten Zeitpunkt, um loszulegen. Der beste Zeitpunkt ist heute. Je länger du »im Markt« bist, wie Finanzprofis sagen, desto mehr profitierst du nämlich von einem der faszinierendsten Effekte, die ich kenne: dem Zinseszins.

Der Physiker Albert Einstein (der mit den wirren Haaren und der rausgestreckten Zunge) soll einmal gesagt haben: »Der Zinseszinseffekt ist das achte Weltwunder.«[41] Was meinte er damit? Lass es mich anhand eines anderen sehr berühmten Mannes erklären: Jesus.[42]

Mal angenommen, Jesus' Eltern, Maria und Josef, hätten direkt nach dessen Geburt vor gut 2000 Jahren bei der Sparkasse Bethlehem ein Konto angelegt. Maria und Josef, die so bettelarm sind, dass sie mit Baby-Jesus in einem Stall wohnen müssen statt im Fünf-Sterne-Hotel, können nur einen einzigen Cent einzahlen. Der Mitarbeiter hinter dem Schalter der Sparkasse Bethlehem gibt ihnen dafür fünf Prozent Zinsen pro Jahr.

Spulen wir einmal vor, 100 Jahre, 500 Jahre, 2000 Jahre – bis heute. Der Ur-Ur-Ur-Ur-Ur-Enkel von Jesus bekommt einen Brief von der Sparkasse Bethlehem: »Wir haben Jesus' Konto entdeckt! Kommen Sie als rechtmäßiger Nachfahre bitte bei Gelegenheit vorbei, um das verzinste Geld abzuholen.«

Der Ur-Ur-Ur-Ur-Ur-Enkel setzt sich ins Flugzeug, bestellt

sich einen Tomatensaft und eine Tüte Chips und beginnt zu rechnen: 0,01 Euro × 5 Prozent Zinsen × 2000 Jahre. Enttäuscht kommt er auf einen einzigen Euro an Zinsen. Vor Ort angekommen allerdings, präsentiert ihm ein Mitarbeiter der Sparkasse Bethlehem eine ganz andere Rechnung. Der Ur-Ur-Ur-Ur-Ur-Enkel hatte vergessen, dass auch die bereits erhaltenen Zinsen verzinst werden, die wiederum verzinst werden – und so weiter. Der Mitarbeiter holt ein riesiges Blatt Papier hervor, auf dem er für Jesus' Ur-Ur-Ur-Ur-Ur-Enkel eine Tabelle zeichnet.

Anfangskapital	0,01 €
Zinseszins nach 50 Jahren	0,11 €
nach 250 Jahren	1983 €
nach 500 Jahren	390 Millionen €
nach 1000 Jahren	15 Trillionen €

Etwa im Jahr 1500, fährt der Mitarbeiter der Sparkasse Bethlehem fort, sei der ursprüngliche Cent so viel wert gewesen wie eine massive Goldkugel von der Größe der Erde.

Im Jahr 1750 seien es schon 140 000 dieser Goldkugeln gewesen. Und heute, 2000 Jahre, nachdem die Eltern von Jesus einen einzigen Cent angelegt hatten, waren daraus 28 Milliarden Goldkugeln geworden, jede einzelne so groß wie die Erde. Keine Ahnung, ob sich Albert Einstein ein Universum aus so vielen planetengroßen Goldkugeln hätte vorstellen können. Aber du bekommst einen Eindruck, was er mit dem Zinseszins als »Weltwunder« gemeint haben könnte.

Was also heißt das für dich? Zinsen und Zinseszinsen –

besser gesagt Rendite, die du wieder anlegst – sind dein bester Freund.

Du bist jung, du hast dein ganzes Investorenleben noch vor dir. Das sind zwar keine 2000 Jahre, aber bestimmt 50, 60 oder 80.

Angenommen, du fängst mit 20 an, jeden Monat 150 Euro in einen seriösen Aktienfonds einzuzahlen. Jedes Jahr bekommst du eine Rendite von acht Prozent und investierst diese Rendite wieder – dann hast du über die Jahrzehnte bis kurz vor der Rente genau 90 000 Euro eingezahlt. Aber da du ja auch die in all den Jahren erzielten Gewinne wieder angelegt hast, stehst du nach 50 Jahren bei – ka-ching! – 1 070 128,95 Euro.[43] Das ist kein Scherz. Und kein Rechenfehler. So bekommst du mehr als zehnmal so viel Geld wieder raus, wie du eingezahlt hast. Herzlichen Glückwunsch. Du bist Millionär!

Wenn du möchtest, dass es etwas schneller geht, oder du dich noch für andere und meiner Meinung nach spannendere Investments neben einem ETF interessierst – lies weiter. Auch wenn ich dir jetzt schon einmal ein komplett ernst gemeintes Kompliment machen will: Drei Einzel-Aktien, dazu ein weltweit gestreuter Aktienfonds und eine eiserne Reserve in Höhe von mindestens zwei Netto-Einkommen – damit bist du finanziell besser aufgestellt als ein überwältigender Teil der Deutschen (und vielleicht sogar deine Eltern).

WAS WÄRE, WENN …

… WIR KEINE STEUERN ZAHLEN WÜRDEN?

Steuern sind Raub – diesen Spruch hast du mit Sicherheit schon einmal gehört. Witzigerweise stammt er ursprünglich vom Kirchenphilosophen Thomas von Aquin. Der lebte im 13. Jahrhundert in Italien, machte den ganzen Tag nichts anderes, als über das Wesen des Menschen, seine Wünsche und Abgründe nachzudenken, und darüber, was all das für Katholiken wie ihn bedeutete. Bloß: Finanziert wurde dieses Philosophenleben von nichts anderem als der Kirchensteuer, die die Gläubigen abdrücken mussten.

Steuern sind Raub – ich halte von diesem Spruch gar nichts. Du solltest dich glücklich schätzen, wenn du Steuern zahlen darfst. Denn, erstens: Steuern werden für gute Sachen verwendet: die Polizei, die Justiz, die Menschen, die den Schutz des Staates wirklich brauchen: Arme, Kranke, Kinder. Zweitens: Steuern zahlst du sowieso nur auf Gewinne. Wenn du an der Börse Geld verdienst und davon ein wenig abgeben musst, in Form der *Kapitalertragssteuer* oder Abgeltungssteuer – freu dich! Du hast Gewinn gemacht!

Was ich allerdings finde: In Deutschland wird Einkommen aus Arbeit zu viel besteuert. Bei der *Einkommensteuer* gibt es einen Freibetrag von rund 10 000 Euro. Das heißt: Die ersten 10 000 Euro sind steuerfrei, danach musst du Steuern zahlen. Wenn du wenig Geld verdienst, etwa ein Viertel deines Bruttogehalts. Wenn du durchschnittlich viel Geld verdienst, also um 50 000 Euro, ist es für alles zwischen 10 000 Euro und diesem Betrag rund ein Drittel. Wenn du viel verdienst, zahlst du ab etwa 60 000 Euro Einkommen den sogenannten Spitzensteuersatz. Dieser sogenannte *progressive Steuersatz* ist ein Grund dafür, warum es in Deutschland so irre viel Schwarzarbeit gibt. Also Arbeit, die nie einem Finanzamt gemeldet wird: Wohnungen malern, Häuser putzen, Gärten pflegen. Allein in Deutschland geht man von 350 Milliarden Euro aus, die dem Staat durch Schwarzarbeit entgehen. Pro Jahr!

Meine Idee ist daher: Einkommen in Deutschland muss bis 50 000 Euro komplett steuerfrei sein. Wenn sie weniger versteuern müssten, hätten die meisten Menschen in Deutschland sehr viel mehr Geld. Und was machen Menschen, wenn sie mehr Geld haben? Sie geben mehr Geld aus. Sie kaufen sich mehr iPhones, Bio-Avocados, Bücher, Playstations und Autos. Sie gehen öfter ins Kino, zur Massage oder zum Zähnebleachen. An diesen Käufen verdient der Staat mit, denn auf die meisten Produkte und Dienstleistungen fällt die sogenannte *Mehrwertsteuer* an. Um den Wegfall des Geldes für den Staat aus der Einkommensteuer auszugleichen, könnte man die Mehrwertsteuer erhöhen – sagen wir auf: 25 Prozent. Das Geld bliebe also beim Staat, es käme nur auf anderem Weg an.

Ein Großteil der Schwarzarbeit würde sofort wegfallen. Wenn es kein Finanzamt mehr gibt, das man verarschen muss, verarscht es auch keiner mehr. Sicher, Tausende Steuerberater und -eintreiber würden arbeitslos werden. Genau wie die Beamten in Finanzämtern, die Steuererklärungen von Menschen mit kleinem und mittlerem Einkommen prüfen. Wäre das schlimm? Erst mal ja. Aber ich habe auch eine Idee, wie wir all diese Menschen beschäftigen. Wir bilden sie zu dem aus, was ich Privatisierungsschiedsrichter nenne. Dazu gleich mehr.

Es gibt, denke ich, nur sehr wenige Dinge, für die ausschließlich der Staat und niemand anderes zuständig sein sollte: innere und äußere Sicherheit, also Polizei und Militär. Gesetzgebung und Justiz. Die Unterstützung der Schwächsten in der Gesellschaft, also von Armen, Kindern und Kranken. Das sind Bereiche, in denen man keine Deals machen sollte und keine Rendite einstreichen sollte.

Für diese Bereiche zahlen wir alle durch eine erhöhte Mehrwertsteuer. Für Polizisten, Richter, Soldaten, Kindergärten, sozialen Wohnungsbau, gute Krankenhäuser. Die, die richtig viel verdienen, beteiligen sich zusätzlich mit der Einkommensteuer ab 50 000 Euro Jahreseinkommen.

Alles andere können wir, zumindest teilweise, privatisieren. Das heißt, wir sagen: »Lieber Staat, diese Aufgabe musst du nicht übernehmen. Das können wir Privatmenschen oder Unternehmen überlassen.« Ich denke, bei den folgenden harmlosen Beispielen sind wir uns einig, dass das okay wäre. Wenn am schönsten, saubersten, grünsten Park in deiner Stadt am Eingang ein Schild mit »Gebrüder-Aldi-Park« oder »Zalando-Park« steht – würde dich das stören? Wäre es schlimm für dich, wenn die BMW-Eigentümerfamilie Quandt

50 Theater in Deutschland sponserte? Oder Familie Henkel einen Schnellfahrradweg von der Ostsee an die Alpen? Bei diesen Beispielen finde ich es gut, wenn Privatmenschen oder Unternehmen staatliche Aufgaben übernehmen: Naherholung, Kultur, Infrastruktur.

Achtung! Jetzt kommt der Punkt, bei dem ich mit deinem Widerstand rechne – ich würde es nämlich genauso wenig schlimm finden, wenn es neben staatlicher Bildung auch »Coca-Cola-Gymnasien« geben würde, »Facebook-Lehrstühle für künstliche Intelligenz« oder Fakultäten für nachhaltige Ingenieurwissenschaften, die von Tesla gesponsert werden.

An diesem Punkt kommen unsere arbeitslosen Finanzbeamten und Steuerberater wieder ins Spiel: Sie werden, wie gesagt, zu Privatisierungsschiedsrichtern umgeschult. In dieser neuen Rolle sorgen sie dafür, dass es am »Coca-Cola-Gymnasium« keine Zuckerpropaganda gibt. Dass am »Facebook-Lehrstuhl« auch über die Gefahren von künstlicher Intelligenz aufgeklärt werden muss. Und dass in der Tesla-Fakultät auch gelehrt wird, dass es großartige andere Formen alternativer Mobilität neben dem E-Auto gibt.

Der Staat könnte unser Steuergeld für das verwenden, was wirklich wichtig ist. Privatmenschen und Unternehmen sorgen für den Rest – ständig kontrolliert durch unsere Privatisierungsschiedsrichter.

Kapitel 4

ZEITRAUM: 10–15 JAHRE

WIE DU DEIN VERMÖGEN UND DICH SELBST ABSICHERST, WARUM DU AUCH MAL AUF DIE ALTEN HÖREN SOLLTEST – UND WANN DU DIR DIE SCHÖNEN DINGE DES LEBENS GÖNNEN SOLLTEST

55 Beteiligen für Profis: Themenfonds

Bisher hast du für dein Geld gearbeitet. Du hast es schlau in Einzelaktien und einen weltweit gestreuten Aktienfonds investiert. Du hattest Geduld. Du hast darauf gewartet, dass sich der Fonds gut entwickelt. Jetzt stellen wir uns die Frage: Was machst du aus den ersten 10 000 Euro? Wie setzt du sie intelligent ein, um aus Geld mehr Geld zu machen? Wie kannst du deinen Reichtum gestalten? Wie drehst du die Sache um – wie kannst du dein Geld für dich arbeiten lassen? Wie findest du Anlagemöglichkeiten, die den durchschnittlichen Gewinn deines weltweit gestreuten Fonds schlagen?

In diesem Kapitel wird es darum gehen, dein Geld noch vielseitiger zu streuen, als du es ohnehin tust. Damit erhöhen wir einerseits die Chancen auf Rendite. Andererseits senken wir die Risiken noch weiter. Jetzt geht es nämlich nicht mehr nur darum, Vermögen aufzubauen. Es wird auch darum gehen, es zu schützen. Genauso schwierig, wie reich zu *werden*, ist nämlich, reich zu *bleiben*.

Also, wir wollen dein Risiko weiter streuen. Ich empfehle dir deshalb, einen Teil deines Geldes in sogenannte Themenfonds zu investieren. In einen südamerikanischen Immobilienfonds zum Beispiel. Oder in einen kenianischen Goldfonds. In Fonds, die ausschließlich in Zukunftsindustrien investieren wie Medizintechnik, Solaranlagen, Elektroautos oder legales Cannabis. Manche Leute schwören auf *Vice*

Funds, die ausschließlich in *Vices* investieren, also sogenannte Sünden: Alkohol, Zigaretten, Glücksspiel, Waffen.

Lass dich dabei weiter von deinem moralischen Kompass leiten, den wir in den vorangegangenen Kapiteln erarbeitet haben: Investier weiter in nichts, was du verwerflich, unmoralisch oder falsch findest. Was danach übrig bleibt – das ist das Feld, in dem du investieren kannst. Mach das. Und zwar möglichst breit. Übertrieben gesagt: Für jeden Euro, den du in einen Tabakunternehmen-Fonds investierst, investierst du einen Euro in einen Fonds, der Medikamente gegen Lungenkrebs entwickelt. Für jeden Euro im Solarfonds steckst du einen in einen Ölfonds. Du erinnerst dich: künstliche Intelligenz *und* etwas Handfestes wie Bio-Schweinefilets. Regenschirm-Fabriken *und* Eisdielen. Sportwagen *und* Fahrräder. Du musst nicht in exakt gegenteilige Fonds investieren. Wie gesagt, das ist nur eine Übertreibung, um einen Punkt zu verdeutlichen: Streu dein Risiko!

56 Hochzinsanleihen

Hochzinsanleihen, im Englischen auch High-Yield-Bonds genannt, haben oft einen sehr hässlichen Spitznamen: Junk-Bonds. Schrottanleihen. Ich finde diesen Spitznamen grausam und fies, weil er den Blick auf die Chancen verdeckt, die Hochzinsanleihen dir bieten. Aber, wie es bei vielen grausamen und fiesen Spitznamen so ist, hat auch dieser einen wahren Kern.

Eine Hochzinsanleihe ist, wie der Name schon sagt, eine Anleihe, bei der du auf hohe Zinsen hoffen kannst. Du erinnerst dich: Bisher fanden wir Anleihen vor allem deshalb langweilig, weil wir nichts von ihnen erwarten können. Anders als deine Eltern. Sie konnten mit Anleihen noch richtig Geld machen. Zum Beispiel mit sogenannten Staatsanleihen bei der Bundesrepublik Deutschland. Damit lieh sich der Staat Geld auf dem Kapitalmarkt und zahlte dafür fünf Prozent, acht Prozent, elf Prozent Zinsen. Ernsthaft! So was gab es in den 1970er- und 80er-Jahren noch.

Du kannst heute immer noch Staatsanleihen der Bundesrepublik Deutschland kaufen. Wenn du da 1000 Euro reinsteckst und die Anleihe über ein paar Jahre laufen lässt, hast du am Ende vielleicht ein wenig Gewinn gemacht. Bestimmt nicht viel. Dafür kannst du dir sicher sein, das Geld wiederzukriegen. Ich glaube, es müssten schon Aliens Deutschlands Bevölkerung versklaven, bevor dieses Land pleitegeht und du dein Geld nie wiedersiehst. In die Fachsprache übersetzt: Staatsanleihen bei der Bundesrepublik Deutschland haben ein sehr geringes *Ausfallrisiko*. Der Preis für geringes Risiko ist: kaum Zinsen. Kaum Chance auf Rendite.

Hochzinsanleihen sind anders. Sie haben durchaus ein Ausfallrisiko. Bei Anleihen von Staaten etwa, bei denen dir wenige oder niemand garantieren würde, dass du dein Geld wiedersiehst: Russland, Nordkorea, Syrien. Länder, in denen wahnsinnige Diktatoren oder Krieg herrschen. Wenn das Risiko hoch ist, muss man diejenigen locken, die Geld investieren. Und zwar mit der Chance auf gute oder phänomenale Zinsen. Auf Rendite.

Sogenannte Rating-Agenturen beurteilen, wessen Anleihen so gut wie kein Risiko haben und wessen sehr viele. Dabei achten sie darauf, wie sich die Staaten in der Vergangenheit entwickelt haben, und bewerten Risiken für die Gegenwart. Nicht für die Zukunft. Die bekanntesten heißen: *Moody's*, *Fitch* und *Standard & Poor*. Bei diesen Agenturen kannst du nach jeweils aktuellen Ratings suchen.

Diese Agenturen vergeben Ratings nicht nur für Staaten. Sondern auch für Unternehmen. Allerdings können die Agenturen nicht voraussagen, ob ein Unternehmen in einem Jahr ein Multi-Milliarden-Dollar-Konzern ist – oder pleite. Auch die Agenturen haben keine Glaskugel, in der sie die Zukunft sehen können.

Hochzinsanleihen gibt es auch in Form von Fonds. Bei diesen Fonds werden Anleihen etwa von Staaten und Unternehmen gebündelt. So gleichen sich Risiko und Chance auf

Rendite etwas besser aus. Zum Beispiel kannst du in Hochzinsanleihen in mehreren sogenannten Schwellenländern investieren. Das sind Länder, die heute noch nicht so weit sind, dass dort ansässige Unternehmen im MSCI-World-Index auftauchen. Aber man es ihnen durchaus für die Zukunft zutraut.

So ein Hochzinsanleihenfonds, der sich auf Schwellenländer konzentriert, ist die interessanteste Option für dich, um dein Portfolio zu ergänzen. Es ist, so gesehen, nur ein weiterer Themenfonds für dich. Auf keinen Fall solltest du aber Hochzinsanleihen zu viel Platz in deinem Portfolio zugestehen. Dafür sind sie zu riskant.

57 Nur ein echter Nugget ist echt was wert

Eine Sache musst du noch wissen, bevor du anfängst, in Themenfonds zu investieren. Es gibt einen Unterschied zwischen sogenannten physischen und synthetischen oder künstlichen Fonds.

Lass mich das an einer Anlagemöglichkeit erklären, die du entweder bescheuert oder grandios finden kannst. Ich finde: Sie ist zumindest so interessant, dass man sich damit beschäftigen sollte, um sich ein eigenes Urteil zu bilden. Ich rede von Kryptowährungen. Den Erfinder Satoshi Nakamoto habe ich dir schon vorgestellt (siehe Seite 51).

Das Wort »krypto« stammt aus dem Altgriechischen und bedeutet »verborgen«, »versteckt«, »verschlüsselt«, »geheim«. Eine Kryptowährung ist eine digitale Währung, die verschlüsselt ist. Die Grundlage sind verschiedene Verschlüsselungsalgorithmen. Bitte frag mich nicht nach Details, hier bin ich kein Experte.

Ich kann dir aber sagen, dass es mittlerweile mehr als 10 000 verschiedene Kryptowährungen gibt. Obwohl »Währung« eigentlich gar kein guter Begriff ist, da wir eine Währung mit Ländern verbinden. Der Euro, der Yen oder der US-Dollar sind Währungen. Bei Kryptowährungen handelt es sich vielmehr um digitale Wertanlagen.

Diese Wertanlagen bestehen im Grunde aus zwei Teilen: dem Vermögenswert selbst und der Technologie dahinter. Die nennt man Blockchain. Das hast du vielleicht schon mal gehört. Eine Blockchain besteht aus aneinandergereihten digitalen Informationsblöcken, die rückwirkend nicht mehr verändert werden können. Aber auch darüber kannst du dich an anderer Stelle viel besser informieren. Es ist auf jeden Fall ein spannendes Thema und hier wird sich noch viel tun in Zukunft. Versprochen!

Wenn du also daran glaubst, dass Kryptowährungen die Art und Weise verändern können, wie Geld funktioniert und wie wir damit umgehen – beteilige dich!

Bloß: Wie kommst du an digitale Wertanlagen wie zum Beispiel Bitcoin?

Theoretisch kannst du Bitcoin selbst schürfen. Du nimmst viel Geld in die Hand und stellst dir einen Supercomputer für zu Hause zusammen. Dein Computer rechnet und rechnet und rechnet dann Tag und Nacht, und wenn du viel Glück hast, wirst du in etwa 15 bis 20 Jahren Erfolg haben.

Praktisch ist das aber kaum machbar. Die Stromkosten sind immens und du müsstest einige Male deine Hardware, also den Supercomputer, austauschen.

Die einfachste Art, an Kryptoanlagen zu kommen, ist, sie auf einer seriösen Kryptobörse zu kaufen und sie dann auf der eigenen Blockchain-Adresse aufzubewahren. Das ist am sichersten über eine Hardware, die man auch Wallet nennt.

Viele junge Menschen und Investoren haben schon versucht, durch den Kauf von Kryptoanlagen schnell reich zu werden. Mich erinnert das etwas an den Goldrausch in den USA im 19. Jahrhundert – ein Vergleich, den nicht ich mir ausgedacht habe. Sondern der immer wieder gebracht wird, wenn jemand versucht, den – mal mehr, mal weniger großen – Hype um Krypto zu erklären. Dazu möchte ich dir gern die Geschichte dreier Goldrausch-Männer erzählen, von denen ausgerechnet der am glücklichsten wurde, der niemals einen einzigen Goldnugget aus der Erde holte.

JAMES W. MARSHALL/ JOHANN AUGUST SUTTER – AUSGETRÄUMTE TRÄUME

Am 24. Januar 1848 hebt der Zimmermann James W. Marshall gerade einen Ablaufkanal für ein Sägewerk am American River in Kalifornien aus. So richtig sicher ist er sich zunächst nicht, was diese glänzenden Körner im trüben Wasser sind, die er entdeckt. Kann es wirklich sein? Vier Tage später berichtet er seinem Chef davon: Johann August Sutter, dem Besitzer des Sägewerks. Der schickt die Körner zu einem Test. Der ergibt, tatsächlich, es ist wahr: Marshall hat Goldnuggets gefunden!

Sägewerk-Chef Sutter ordnet an: Das muss geheim bleiben! Er erlaubt seinen Arbeitern allerdings, in ihrer Freizeit weiter nach Gold zu suchen. Natürlich hält sich kaum jemand daran, die Goldfunde am Sägewerk zu verheimlichen. Und: Überall am American River finden nun Menschen Goldnuggets. Ein echter Hype bricht aus. Zunächst stellen sich nur die Bewohner der umliegenden Orte in den Fluss und schürfen nach Gold. Gleichzeitig kommen erst Einzelne aus ganz Amerika nach Kalifornien, dann Dutzende und schließlich, nachdem der damalige US-Präsident James K.

Polk den Fund öffentlich verkündet, Zehntausende – der amerikanische Goldrausch hat begonnen!

Für Sutters Sägewerke wollte niemand mehr arbeiten, was ihn zuerst nicht weiter störte. Schließlich hatten ihn die Goldfunde reich gemacht. Also prasste Sutter. Später nahm er sogar Schulden auf, um seinen verschwenderischen Lebensstil zu finanzieren. Schulden, die er nicht begleichen konnte. Seine Farm fiel Brandstiftung zum Opfer, unglücklich und pleite verließ er Kalifornien.

James W. Marshall, der die ersten Goldnuggets entdeckt hatte, machte sich selbstständig und erwarb eine Goldmine. Leider musste er feststellen: In den Schächten seiner Mine war kein Gold zu finden. Am 10. August 1885, 40 Jahre nach seinem Fund, starb Marshall vollkommen verarmt. Ein Schicksal, das er mit Zehntausenden Glückssuchern teilte, die ihr bisheriges Leben aufgaben, um in Kalifornien nach Gold zu suchen – und einfach nichts finden konnten.

Wer dagegen richtig reich wurde, war einer, dessen Produkte wir bis heute kennen und mögen: der deutsche Auswanderer Levi Strauss. Er hatte gehört, dass die Goldsucher belastbare Hosen brauchten, wenn sie den ganzen Tag auf Knien im Wasser schürften. Die Hose, die Strauss reich machte, weil er sie in Massen an die Schürfer verkaufte, kennen wir bis heute: die *Levi's Jeans*.

Zugegeben, das war jetzt ein kleiner Umweg. Aber wenn wir wissen, wie der Goldrausch in den USA funktionierte, ist es leichter, den Kryptorausch zu erklären.

Die erste Lektion, die wir aus dem Vergleich mit der Geschichte ableiten können: Nur ein echter (physisch vorhandener) Goldnugget war damals etwas wert – und ist es bis heute. Falschgold (also künstlich hergestellt) war wertlos und ist es bis heute. Das ist, etwas übertrieben und verkürzt gesagt, bei Kryptogeld genauso.

Wenn du zum Beispiel einen Coin über eine Börse einkaufst, gehört sie dir. Dann hast du dich *physisch* an der Währung beteiligt. So ein Investment ist riskant. Aber es ist ein Risiko, hinter dem ein Wert steckt. Wenn du Glück hast, lohnt es sich. Nennen wir es also: das spannende und *echte* Risiko-Investment.

Und dann gibt es noch das, so nenne ich es einmal, *künstliche* Investment in Kryptowährung. Das ist genauso riskant, aber vollkommen ohne echten Gegenwert.

Sagen wir, du kaufst bei einer Bank einen Krypto-Fonds, der keine physische Währung hinterlegt hat (synthetischer Fonds). Das Versprechen des Anbieters ist: Hier kannst du bequem in die hundert größten Kryptowährungen investieren. Klingt gut? Bloß investierst du bei diesen Fonds nicht in die Währungen, sondern in einen Leihvertrag mit dem Anbieter (und du erinnerst dich, wie wir Leihverträge finden – siehe Seite 100).

Der Deal geht so: Du gibst dem Anbieter dein Geld und er verspricht dir: Ich geb dir zu einem bestimmten Zeitpunkt so viel Geld zurück, wie sich bis dahin die Kurse der Kryptowährungen entwickeln. Was er dir nicht sagt: ohne dass er sich jemals an einer einzigen Währung physisch beteiligt hat. Der Anbieter eines solchen künstlichen Fonds ahmt nur nach, was bei einem physischen Fonds tatsächlich passiert.

Hättest du während des Goldrausches gelebt, hätte dir ein Bankier Falschgold angedreht und dir gesagt: »Wir zwei einigen uns darauf, dass dieses Falschgold genauso viel wert ist wie das echte.«

Heute findest du dieses Modell nicht nur im Finanzmarkt, sondern auch im Supermarkt. Da steht vielleicht »Käse« auf der Packung. Drin ist eine Mischung aus Soja-Eiweiß, Farb- und Aromastoffen und Geschmacksverstärkern. Sieht aus wie Käse. Schmeckt wie Käse. Ist aber keiner. Oder da steht »Chicken Nuggets«. Drin ist geschreddertes Restfleisch, das in Fabriken chemisch bearbeitet und neu zusammengeformt wird.

Mir ist klar, dass es mittlerweile auch sehr leckere und gute Ersatzprodukte für alle gibt, die auf Fleisch oder gleich alle tierischen Produkte verzichten möchten. Aber lass uns für das Beispiel mal bei all den Ersatzprodukten bleiben, die es immer noch in riesigen Mengen in Supermärkten gibt. Mal ehrlich: Würdest du Chemie-Käse und Chicken-Nugget-Imitat kaufen, wenn du genau wüsstest, was drin ist? Wahrscheinlich nicht, oder? Dann solltest du die Finger auch unbedingt von künstlichen Fonds lassen. Selbst wenn die oft etwas günstiger sind als physische – glaub mir, das ist es nicht wert.

58 Hör Leuten zu, die reicher sind als du

Am meisten lernen kannst du von denen, die heute schon sind, was du gern wärst: reich. Hör ihnen zu. Beschäftige dich damit, was diese Menschen interessant und wichtig finden. Schau ihre Reden an. Lies ihre Bücher. Hör ihre Podcasts. Denn diese Menschen, die heute reich sind, beschäftigten sich einen Großteil ihrer Zeit damit, wie sie in Zukunft mehr Geld verdienen werden.

Wie werden wir uns in Zukunft fortbewegen? E-Autos, superschnelle Hochgeschwindigkeitszüge, Flugtaxis?

Woher kommt Energie? Nutzen wir Atom-, Solar-, Windenergie oder eine Technologie, von der wir heute noch gar nicht wissen, dass sie in zehn Jahren die Welt verändert?

Was essen wir? Laborfleisch oder Insekten? Werden wir alle vegan leben, weil uns der Klimawandel dazu zwingt?

Welche Stadt wird das nächste New York? Vielleicht wird es Lagos, die Hauptstadt von Nigeria. Vielleicht Dongguan, Foshan, Changchun oder eine andere Stadt in China, von der man noch nie gehört hat und die innerhalb weniger Jahre von einem Dorf zu einer Millionenstadt wurde.

Superspannende Fragen mit superspannenden Antworten. Und wenn du, durch schlaues Investieren, davon profitieren kannst – tu es! So wie Elon Musk, der – zum Zeitpunkt, an dem ich dieses Buch schreibe – der reichste Mensch der Welt ist. Wie er das wurde? Musk denkt, wie kaum einer vor ihm, immer an die Zukunft: Was interessiert die halbe Menschheit in fünf Jahren? Wie kann ich davon profitieren, indem ich den Menschen Produkte baue, die sie wollen? Wo liegen zu erfüllende Bedürfnisse, eine enorme Nachfrage und somit auch das große Geld in zehn Jahren?

ELON MUSK – DAS VERRÜCKTE GENIE

Mit Sicherheit wird man ein bisschen seltsam, wenn man ausschließlich in der Vergangenheit lebt. Aber vielleicht wird man rein menschlich mindestens genauso seltsam, wenn man immer nur in der Zukunft lebt – und nie in der Gegenwart. In sozialen Medien teilte Musk mehrfach Desinformation zum Corona-Virus. Wahrscheinlich dachte er wirklich, er sei einfach klüger als sämtliche Virologen dieser Welt. 2018, als Profitaucher versuchten, eingeschlossene Kinder aus einer thailändischen Höhle zu retten, und Musks ungefragte »Hilfe« ablehnten, ihnen eine Art Mini-U-Boot zur Verfügung zu stellen, nannte er einen der Taucher: pädophil. Wladimir Putin forderte er zu einem Faustkampf heraus, als der einen Angriffskrieg in Europa begann – der Einsatz: die Ukraine. Ach ja, und Musk ist sich sicher, dass nur sehr wenige Menschen real existieren. Die anderen seien nur Computerprogramme, die es gibt, um die wenigen realen Menschen wahlweise herauszufordern oder ihr Leben schöner zu machen. Musk, der sich natürlich sehr real vorkommt, hat seiner Ex-Freundin so lange eingeredet, dass sie nur eine Simulation sei, bis sie ihn verlassen hat. Vorher bekamen die beiden ein reales Baby, das sie, warum auch immer, *X Æ A-12* nannten. Seit sich Musks Ex-Freundin nach der Trennung in eine Transperson verliebte, fällt Musk öfter durch transfeind-

liche Kommentare auf. Das ist die eine Seite von Elon Musk. Eine schwer kaputte Persönlichkeit. Und dann gibt es noch die andere Seite: Wenn es ums Geschäft geht, ist Musk nämlich ein absolut gigantisches Riesengenie. Er erfand den Bezahldienst Paypal, bevor Menschen überhaupt daran dachten, wie sie im Internet bequem bezahlen sollen. Er investierte in Tesla, als noch keiner ahnen konnte, dass einmal die halbe Menschheit ein E-Auto fahren will. Musks große Stärke im Geschäftlichen ist: Er denkt immer und ausschließlich an die Zukunft. Wenn er etwas gefunden hat, von dem er überzeugt ist, dass es in Zukunft durch die Decke geht, schlägt er zu. Als Erster. Weil er die überragende Fähigkeit besitzt, wegweisende Zukunftstrends vor allen anderen zu erkennen. So ließ Musk an mehreren Orten auf der Welt Tunnel bohren. Eines Tages will er Hochgeschwindigkeitszüge durchschicken, die bis zu 1000 Kilometer in der Stunde schnell sein sollen. Von Hamburg nach München bräuchte man damit gerade einmal 45 Minuten. Von Köln nach Barcelona etwa eine Stunde und 15 Minuten. Und von Berlin nach New York wäre man schneller als ein Flugzeug. Und ich wäre, auch wenn ihr Erfinder ein seltsamer Kauz ist, begeisterter Nutzer dieser Züge!

59 Wie du das Vermögen sicherst, das du machst

Du hast deine drei Einzelaktien von Unternehmen, die du teilweise seit Jahrzehnten verfolgst. Du hast dein Geld in einem weltweit gestreuten Aktienfonds. Du fängst gerade an, dein Geld in Themenfonds zu verteilen. Vielleicht machst du sogar Hochzinsanleihen. Du kannst mittlerweile wirklich stolz darauf sein, wie du Vermögen *aufgebaut* hast. Jetzt allerdings sind wir wie gesagt an einem Zeitpunkt, an dem du anfangen musst, es zu *beschützen*.

Den ersten Schritt bist du schon gegangen. Du hast einen Notgroschen angelegt, eine eiserne Reserve (siehe Seite 159). Der nächste Schritt ist, die richtigen Versicherungen abzuschließen.

Natürlich kannst du über eine Zahnzusatzversicherung nachdenken, wenn du mit 18 schon Dauerkaries und sieben Kronen auf den Zähnen hast. Du kannst das Geld aber auch in eine elektrische Zahnbürste stecken, in die beste Zahnseide und aufhören, Cola zu trinken. Und wenn du doch noch die achte Krone brauchst – für so was hast du deinen Notgroschen.

Natürlich kannst du über eine Haustier-OP-Versicherung nachdenken. Du liebst deinen Hund. Er liebt es nun mal, Mülltonnen zu plündern. Dreimal im Jahr ruiniert er sich so dermaßen den Magen, dass ihr zum Tierarzt müsst – was ja, ein Glück, die Versicherung übernimmt. Du kannst das Geld für die Beiträge auch in einen Kurs in der Hundeschule stecken, in der dein Hund lernt: Lass die Mülltonnen in Ruhe. Und wenn er doch noch mal zum Magen-Auspumpen muss – dann hast du deinen Notgroschen.

Natürlich kannst du über eine Rechtsschutzversicherung nachdenken, wenn du (natürlich völlig unvernünftigerweise) Graffiti-Sprayer bist und die Gefahr recht realistisch ist, dass du mehr als einmal im Leben einen Anwalt brauchst. Du kannst aber auch einfach aufhören, U-Bahnen zu bomben. Such dir Flächen, auf denen du legal sprayen kannst, auch wenn's nicht so aufregend ist. Und falls du doch noch mal erwischt wirst und einen Anwalt brauchst – dann hast du deinen Notgroschen.

Versicherungen, die du wirklich brauchst, sollten dich vor Situationen schützen, die existenzbedrohend sein können. Die dich und dein Leben völlig aus der Bahn werfen könnten. Dafür brauchst du eigentlich nur drei Versicherungen:

- die Haftpflichtversicherung
- die Zusatzkrankenversicherung oder private Krankenvollversicherung
- die Berufsunfähigkeitsversicherung

60 Die Haftpflichtversicherung

Das Erste, was du machst, nachdem du von zu Hause ausgezogen bist: deine Einweihungsparty. Das Zweite, was du machst: dich bei deinen neuen Nachbarn für die Einweihungsparty entschuldigen: »Ja, ja, kommt nicht mehr vor.« Das Dritte, was du machst: Du schließt eine Haftpflichtversicherung ab.

Die ist für dich da, wenn du Sachen von anderen kaputt machst. Sie ersetzt den Schaden. Die Versicherung zahlt, wenn du aus Versehen – knack! – aufs iPad deiner besten Freundin getreten bist. Wenn du dich auf die Brille deines Kumpels setzt, die er unvorsichtigerweise auf dem Stuhl neben sich liegen gelassen hat. Für solche Mini-Schäden kommt jede Haftpflichtversicherung auf. Wichtig wird sie aber erst, wenn wirklich was passiert. Existenzbedrohende Riesenscheiße.

Wenn rauskommt, dass der ganze Häuserblock, in dem deine Wohnung liegt, abgebrannt ist, weil du den Herd angelassen hast.

So was kann dir dein Leben ruinieren. Du musst geschützt sein, wenn es richtig eklig wird. Deshalb achte auf eine Sache, wenn du die Haftpflichtversicherung aussuchst: eine höchstmögliche Deckungssumme. Nicht eine Million, nicht zehn, sondern möglichst 50, 60 oder 70 Millionen Euro. Das macht die Versicherung teurer, deutlich sogar, aber das muss es dir wert sein. Du brauchst diesen Schutz, wenn ein ganzer

Häuserblock abgerissen werden muss, weil dein Herd einen Großbrand verursacht hat. Wenn mehrere Tonnen Autoschrott entstehen, weil du abgelenkt warst, und Menschen deinetwegen schlimme Verletzungen erlitten haben. Wenn so was passiert, brauchst du eine Haftpflichtversicherung mit unbegrenzter Deckungssumme.

Kosten: 5–7 Euro/Monat

61 Die Krankenversicherung

Wenn es um deine Krankenversicherung geht, solltest du dich nicht mit weniger als dem absoluten Top-Luxus vom Feinsten zufriedengeben. Zumindest, wenn es um deine Zusatzkrankenversicherung oder um deine private Krankenvollversicherung geht. Ich möchte nämlich, dass dir die Erfahrung eines Krankenhausbesuchs erspart bleibt, wie ihn Millionen Deutsche jedes Jahr erleben: Sechsbettzimmer, labbrige Graubrotscheiben, schlechte medizinische Betreuung.

Denn, was Wenige wissen, im gleichen Krankenhaus gibt es immer auch herrliche Einzelzimmer mit Ausblick. Es gibt gutes Essen. Es gibt fantastische Betreuung durch den Chefarzt, der seit Jahrzehnten zur Weltspitze in seinem Fach gehört.

Wie kannst du dir die erste Erfahrung sparen und die zweite ermöglichen? Indem du eine private Krankenvollversicherung oder eine Zusatzkrankenversicherung abschließt. Dabei bleibst du in der gesetzlichen Krankenkasse, genießt aber die Vorteile einer Superpremium-Privatversicherung.

Wenn du zum Beispiel eine Krebsdiagnose bekommst, was ich im Leben niemandem wünsche und dennoch hunderttausendfach im Jahr in Deutschland passiert, wenn du so eine Diagnose bekommst – was dann? Dann brauchst du: die beste Klinik. Den besten Arzt. Die beste Versorgung.

Dann brauchst du den medizinischen Transportflug in seine Spezialklinik. Eine Top-Chemo und eine Super-Reha.

So eine Behandlung kann Millionen von Euro kosten. Dafür brauchst du: eine Versicherung, die all das bezahlt.

Du brauchst eine Krankenversicherung mit Top-Leistungen, die auch im Worst Case bezahlt.

Warum ich dir das sage? Weil du heute gesund bist. Weil du von möglichen Vorerkrankungen noch nichts weißt. Weil du noch keine (oder nur wenige) Operationen hattest. Weil dein Körper als Teenager in einem sehr guten Zustand ist. Was umgekehrt nur heißt: Versicherungen gehen davon aus, dass du lange gesund bleibst. Sie verlangen nur sehr kleine Beiträge von dir, wenn du als Teenager eine solche Versicherung abschließt. Je länger du wartest, je öfter du krank sein wirst, desto teurer wird sie. Wenn du 40 bist, kommst du nur noch in private Krankenvollversicherungen oder Zusatzkrankenversicherungen, die dich ein Vermögen kosten. Kümmere dich heute darum. Solange du jung und gesund bist.

Und was, wenn du die Versicherung nie brauchst? Werden das dann nicht unnötige Kosten gewesen sein? Gute Frage.

Angenommen, du wirst 120 Jahre alt und dein Leben lang nie schwer krank. Eines schönen Sommertages fällst du von der Leiter in deinem Garten, in dem gerade die Kirschbäume blühen. Stell es dir mal vor. So konkret du kannst. Und befrag dich mal ganz ehrlich selbst: Wenn du da mit 120 Jahren im Gras liegst und dein ganzes herrliches Leben an dir vorbeizieht – glaubst du, dann taucht in diesem Film auf, wie du dich ärgerst, ein Leben lang umsonst diese Krankenversicherung gezahlt zu haben?

Kosten: ab 15 Euro/Monat (Zusatzkrankenversicherung)

62 Die Berufsunfähigkeitsversicherung

Auch wenn dein Körper heute jeden noch so apokalyptischen Clubabend easy wegsteckt. Auch wenn du heute drei Wochen nach einem Knochenbruch wieder ohne Krücken laufen kannst. Jeder Körper geht mal kaputt. Jeden Tag ein Stückchen mehr. Das ist bitter, ich weiß. Und diesen Prozess, das Altern, kannst du nicht einmal aufhalten, wenn du Multimilliardär bist. Aber: Du kannst dich auf die Situation vorbereiten, in der dein Körper nicht mehr so kann, wie du ihn eigentlich brauchst. Und zwar mit einer Berufsunfähigkeitsversicherung.

Diese Versicherung schließt du ab, sobald du ein regelmäßiges Einkommen hast. Das wird wahrscheinlich der Moment sein, in dem du deinen ersten richtigen Arbeitsvertrag unterschreibst. Dein Ziel muss sein: Dein Einkommen soll immer weiterfließen, selbst in dem Fall, in dem dein Körper nicht mehr mitmacht.

Um es ganz klar zu sagen, ich spreche nicht von einem gebrochenen Arm, einem verdrehten Knöchel oder einer leichten depressiven Episode. Das alles packst du! Ich rede wieder von Situationen, in denen es eklig wird: Krebs, Querschnittslähmung vom Hals abwärts, schwerste bipolare Störung infolge eines traumatischen Erlebnisses.

Dann brauchst du die beste Versorgung, die du kriegen kannst. Dann brauchst du deine Zusatzkrankenversicherung.

Aber was, wenn das nicht reicht und du nicht mehr arbeiten kannst? Wenn selbst der beste Arzt der Welt in der besten Klinik der Welt dich nicht mehr hinkriegt?

Dann fängt dich die Berufsunfähigkeitsversicherung auf. Sie zahlt dir eine monatliche Rente aus, die dein Einkommen bis zum gesetzlichen Renteneintritt ersetzt – und für den hast du ja mit deinen Aktien und deinen Fonds längst vorgesorgt.

Kosten: 30–50 Euro/Monat

63 Fazit Versicherung: Lass das Profis machen

Eine Haftpflichtversicherung kannst du selbst finden und abschließen. Kein Problem. Berufsunfähigkeits- und Zusatzkrankenversicherung nicht. Da brauchst du einen Profi. Einen, der sich auf Berufsunfähigkeitsversicherungen spezialisiert hat, und einen, der sich tagein, tagaus mit Zusatzkrankenversicherungen beschäftigt.

Warum? Weil, ganz fies gesagt, das Geschäftsmodell von Versicherungen ist, dass sie geizig sind. Du wirst den hundertseitigen Vertrag für deine Versicherungen weder lesen noch verstehen. Ich versteh da auch mindestens die Hälfte nicht. Halb so wild – deshalb beauftragst du einen Profi, der das kann. Es wäre nämlich nichts ärgerlicher, als wenn du zum Beispiel eine Zusatzkrankenversicherung hast, die dir zwar die beste Klinik und den besten Arzt bezahlt – aber dich auf den Kosten für den medizinischen Spezialtransport dorthin sitzen lässt. Oder eine Berufsunfähigkeitsversicherung, die zwar für dich da ist, wenn du beide Arme oder Beine verlierst – dich aber im Stich lässt, wenn du eine schwere und chronische Depression bekommst. Und das nur, weil du Absatz 424, Paragraf 9, auf Seite 177 nicht gelesen hast, der exakt das ausschließt.

Gönn dir eine Premiumberatung bei einem Vollprofi. Es muss jemand sein, der frei arbeitet, also für keine Firma, bei der er ausschließlich deren Versicherungen verkauft. Im

Durchschnitt wirst du etwa acht Stunden mit ihm verbringen, damit ihr die perfekte Versicherung findet.

Dich an Profis wenden – das ist übrigens ein Rat, der sich ab jetzt durch den Rest des Buches ziehen wird. Bisher konntest du alles alleine, ich musste dir nur ein bisschen helfen. Jetzt bei Summen um die 100 000 Euro und später der Million brauchen wir beide Hilfe: von Vollprofis.

64 Die schönen Dinge des Lebens

Ganz schön deprimierend, was wir gerade bei den Versicherungen besprochen haben, oder? Ich finde: Jetzt müssen wir über die schönen Dinge des Lebens sprechen. Denn: Was nützt dir all dein Reichtum, wenn du nichts Schönes damit anfängst? Dann bist du der freudlose deutsche Sparer, der du nie sein wolltest. Nehmen wir drei Beispiele. Eine Tour mit einem gemieteten Motorboot. Eine Gucci-Tasche. Einen gebrauchten VW-Bus.

Wie kommst du da ran?

Dumme Investoren, wie es sie viele gibt, zapfen ihr Depot an. Sie nehmen das Geld, das sie für Spaß brauchen, einfach aus den Fonds, die sie fürs Alter eingerichtet haben. Davon würde ich dir dringend abraten. Selbst wenn du dir schwörst, es nur einziges Mal zu machen, hast du es halt schon einmal gemacht. Die Hemmschwelle ist niedriger, dass du es noch mal machst. Und noch mal. Und – schwupps – ist deine ganze Kohle weg. Du fängst von vorne an.

Schlaue Investoren nutzen eine Methode, die ich dir gern vorstellen möchte: das SMART-Ziel. SMART – das steht für:

Spezifisch – Definier dein Ziel so präzise, wie du kannst. Du willst nicht irgendeine Bootsfahrt machen. Sondern auf dem Starnberger See nahe München. Und zwar mit der Elektroyacht Laguna 760, weil die hinten die optimale Liegefläche für dich und deinen Partner oder deine Partnerin hat. Du willst nicht irgendeine Gucci-Tasche. Du willst das Ophidia Duffle Bag mit grün-roten Streifen. Du willst nicht irgendeinen VW-Bus. Sondern den VW T4 Caravelle 2,5 TDI, Baujahr 2002.

Messbar – Gib genau an, wie viel Geld dich dein Smart-Ziel kostet. Die Bootsfahrt mit der Laguna 760 kostet 200 Euro für zwei Stunden. Das Ophidia Duffle Bag kostet 2000 Euro. Der VW T4 Caravelle kostet 20 000 Euro.

Attraktiv – Warum möchtest du etwas haben? Du willst die Bootsfahrt machen, weil du dort einen Heiratsantrag planst. Du willst die Gucci-Tasche, weil du seit der Pubertät davon träumst und dir damals gesagt hast: »Bei meiner ersten Beförderung kauf ich mir die.« Du willst den VW-Bus, weil du gemerkt hast, dass dich Fernreisen auf die Malediven oder nach Dubai langweilen. Nirgends bist du glücklicher als mit deinem Hund an der polnischen Ostseeküste, wenn ihr morgens am Strand aufwacht, das du gebraucht gekauft und selbst reparierst hast – um direkt zusammen ins Meer zu springen.

Realistisch – Du darfst träumen. Aber dabei nicht den Kontakt zur echten Welt verlieren. Fürs Erste willst du dir eine Zwei-Stunden-Fahrt im Mietboot leisten und keine eigene Yacht. Du willst dir eine einzige Gucci-Tasche leisten und nicht gleich auch noch das passende Kleid und die Schuhe dazu. Du willst einen gebrauchten VW-Bus, den du selbst ausbaust, und keinen schlachtschiffgroßen Superpremium-Wohnwagen mit Kamin und Panorama-Dach.

Terminiert – Stell dir möglichst konkret vor, wann du dir den Traum erfüllen willst. Die Bootsfahrt soll vielleicht nächsten Sommer am 21. Juni stattfinden, weil deine Partnerin oder dein Partner an diesem Tag Geburtstag hat. Die Beförderung, für die du dich mit der Tasche belohnen willst, schaffst du innerhalb von zwölf Monaten. Den VW-Bus willst du dir zum Abschluss deiner Doktorarbeit schenken. Also, wenn du fleißig bist, in sechseinhalb Jahren.

Jetzt weißt du, was du willst, warum, wann – fehlt nur noch: Wie? Woher kommt das Geld für das, was du wirklich willst?

Guck zuerst auf dein Alltagskonto (siehe Seite 150). Wie viel ist da drauf, wenn deine Fixkosten – also Miete, Essen und so was – bezahlt sind und du deine zehn Prozent weggespart hast? Wenn es für die Bootsfahrt reicht: Mach sie. Wenn es für die Tasche reicht: Kauf sie. Wenn es, wie wahrscheinlich im Fall des VW-Busses, nicht reicht: Dann musst du sparen.

Wenn du pro Monat 100 Euro sparst, brauchst du gut 16 Jahre für den Bus. Wenn du 200 Euro sparst, brauchst du gut acht Jahre für den Bus. Und wenn du 250 Euro pro Monat sparst, brauchst du exakt die sechseinhalb Jahre bis zur Abgabe deiner Doktorarbeit. Wenn dir 250 Euro zu viel sind, dann – es tut mir leid – ist dein Traum zu groß. Dann warst du beim Faktor *realistisch* beim Smart-Ziel nicht ehrlich.

Und noch mal sorry. Ich kenne leider keinen Turbo, wie du deine Smart-Ziele erreichen kannst. Du brauchst: Geduld. Aber – ich kenne einen Turbo für etwas, was dich vielleicht noch mehr interessieren könnte als eine Bootsfahrt, eine Gucci-Tasche und ein VW-Bus zusammen. Ich kenne einen Turbo zur ersten Million.

WAS WÄRE, WENN …

… DIE KLIMAKRISE DIE GESAMTE WELT ZERSTÖRTE?

Seit die Menschen Handel und Wirtschaft betreiben, gibt es dabei nur eine Richtung: nach oben! Höher, schneller, weiter. Bisher war es so, dass es zwar Wirtschaftskrisen gab – die waren allerdings nur der Anfang für neue Höhenflüge. Wahrscheinlich wäre das ewig so weitergegangen. Wäre da nicht ein Problem: Wenn wir weiter so wirtschaften, zerstören wir die Erde. Wir machen den Regenwald kaputt, rotten Tierarten aus und werden, wenn wir nichts Grundlegendes ändern, diesen Planeten so weit zerstören, dass kein Mensch mehr darauf wohnen kann.

Weil deine und meine Vorfahren besonders fleißig darin waren, Öl und Gas und Wälder und so gut wie alles zu verbrennen, was schlecht für diesen Planeten ist, wirst zumindest du die Folgen während deines Lebens zu spüren bekommen. Wir reden von der Klimakrise. Sollst du angesichts von Dürren, Hurrikans und biblischen Sturmfluten echt noch daran denken, ob du pro Monat zehn Prozent deines Einkommens in einen ETF steckst?

Nun, wenn sich gar nichts ändert und die Erde sich in eine Klima-Apokalypse verwandelt, bringen dir Notgroschen, Fonds oder eigene Immobilien tatsächlich gar nichts mehr.

Wenn du Glück hast (oder sehr viel Geld oder wenigstens Macht), bekommst du vielleicht einen Platz im Raumschiff zum Mars oder sonst wohin, wo es die Menschheit noch mal von vorne versuchen kann. Wenn du Pech hast, bleibst du mit uns anderen hier unten. Und während wir bei 70 Grad in der Sonne gegrillt werden, lachen wir ein letztes Mal gemeinsam darüber, dass du mal ein Buch gelesen hast, in dem es darum ging, wie du reicher wirst als deine Eltern.

Das ist Option eins. Die, in der alles den Bach runtergeht und nichts mehr gut wird. Eine Zukunftsaussicht, bei der man sich sehr ohnmächtig fühlt. Auch ich. Dabei kriege ich – im Gegensatz zu dir – die richtig schlimmen Auswirkungen der Klimakrise wahrscheinlich nicht mehr mit. Was hilft gegen diese Ohnmacht? Investieren.

Die Bedürfnisse der Menschen werden sich nicht ändern, auch nicht angesichts des Weltuntergangs. Sie werden weiterhin essen wollen, wenn sie Hunger haben. Reisen, wenn sie jemanden vermissen. Heizen, wenn sie frieren. Wenn wir die Welt noch retten wollen, geht das nur, wenn wir anfangen, unvorstellbar viel Geld auszugeben. Wir, also jeder Einzelne von uns. Auch du. Denn: Das Geld, das weißt du schon, verschwindet ja nie. Es wechselt auch angesichts des Weltuntergangs nur den Besitzer. Und ich finde, du solltest davon profitieren.

Wir lassen all die Ölkonzerne pleitegehen und alle Betreiber von Kohlekraftwerken. Und du fängst heute an, in Solar-, Wind- und Wasserenergie zu investieren!

Wir lassen alle Airlines sterben, die weiterhin mit Kerosin

fliegen, und alle Autohersteller, die immer noch Benzinschlucker bauen – und du investierst schon heute in Elektromobilität.

Und wenn eines Tages der letzte Mastbetrieb für Billigfleisch schließt, bist du längst am Marktführer für Laborfleisch oder vegane Alternativen beteiligt.

Das tust du nicht nur für die Zukunft deines Vermögens, sondern für die Zukunft des Planeten – indem du dich an der Umgestaltung der Welt beteiligst! Und zwar wortwörtlich: Du kaufst heute Aktien und Fonds von Unternehmen oder Branchen, die deiner Meinung nach helfen können, die Welt zu retten! Das Schöne ist: Wenn es genug Menschen machen, lohnt es sich für Unternehmen nicht mehr, an zerstörerischen Geschäftszweigen festzuhalten. Du hast also die Chance, mit deinen Investments die Klimakrise zu bekämpfen.

Kapitel 5

ZEITRAUM: 10–15 JAHRE

WIE DU DEN TURBO ZUR MILLION ZÜNDEST, WELCHE PROFI-INVESTMENTS DICH WEITERBRINGEN – UND WARUM DU EIN LEBEN LANG INVESTOR BLEIBEN SOLLTEST

65 Der Turbo zur Million

An diesem Punkt deines Weges – wenn du dich aufmachen willst zur ersten Million – hast du zwei Möglichkeiten. Erstens: Du ruhst dich zufrieden aus. Zahlst weiter brav deine zehn Prozent in deinen weltweit gestreuten Aktienfonds und deine Themenfonds. Du wartest. 20 Jahre, 30 Jahre, 50 Jahre. Ganz langsam und Stück für Stück kommst du jedes Jahr der Million näher, bis du sie erreichst. Das ist ein planbarer, vernünftiger und legaler Weg zur Million. Und das ist vollkommen okay.

Aber wäre es nicht cool, wenn es schneller gehen würde? Wenn du einen Turbo zünden könntest? Diese Strategie, diesen Turbo zur Million – die gibt es! Man nennt sie: Hebeln.

Das Prinzip dahinter: Du leihst dir Geld. Mit dessen Hilfe machst du aus ein bisschen eigenem Geld richtig viel eigenes Geld. Anders gesagt: Du nimmst ein Darlehen bei der Bank auf, um es zu investieren. Möglichst gewinnbringend, natürlich. Wenn du hebelst, kannst du den Gewinn eines Investments verdoppeln, verdreifachen, verzehnfachen, verhundertfachen. Eine wahnsinnige Chance – wenn man es richtig macht.

Und ein wahnsinniges Risiko, wenn man es falsch macht. Stell dir vor, du sitzt am Pokertisch. Dein Blatt ist gut. Du gehst *All-in*, setzt alles, was du hast. Dann kannst du viel gewinnen. Und maximal so viel verlieren, wie du gesetzt hast. Wenn du dein Pokerblatt *hebeln* würdest, würdest du den dubiosen Mafia-Typen mit dem Geldkoffer anpumpen, dir von ihm eine große Summe Geld leihen, damit du noch mehr setzen kannst, als *All-in*. Wenn du mit deinem Blatt gewinnst, ist alles gut. Der dubiose Mafia-Typ kriegt sein Geld. Aber was, wenn du verlierst? Dann ist dein Geld weg. Und du schuldest dem Mafia-Typen Kohle. Scheiße, oder?

Wenn du hebelst – egal, ob mit Finanzprodukten oder einem Pokerblatt –, kannst du den Verlust eines Investments verdoppeln, verdreifachen, verzehnfachen, verhundertfachen. Und zwar mit Geld, das du dir nur geliehen hast. Und das jemand zurückfordern wird. Hebeln ist ein Instrument, das du wirklich verantwortungsvoll einsetzen musst – sonst bist du gefährdet, dass es dich ruiniert.

Lass mich an einem Beispiel zeigen, wie Hebeln funktioniert. Denk an ein Unternehmen aus einer Branche, von der du überzeugt bist: Dieser Branche gehört die Zukunft. Dieses Unternehmen ist an der Börse, das heißt, es gibt Aktien aus, die du kaufen kannst. Du bist überzeugt davon, dass der Aktienkurs steigen wird, weil dieses Unternehmen gerade ein revolutionäres Megaprodukt angekündigt hat, mit dem es die Welt radikal verbessern wird: vielleicht ein Krebsmedikament mit 100 Prozent Heilungsquote. Vielleicht eine Maschine, mit der sich nahezu unendlich viel Energie erzeugen lässt, ohne dabei Gas oder Öl zu verbrennen.

Nun kannst du, sagen wir, 10 000 Euro in Aktien dieses Unternehmens investieren. In einem Jahr verkaufst du sie wieder, weil der Kurs inzwischen um 20 Prozent gestiegen ist. Du verkaufst für 12 000 Euro. Und hast 2000 Euro

Gewinn – ein gutes Geschäft, oder? Das ist: normales Investieren.

Du willst die Aktie aber hebeln. Heißt: Du investierst mehr, als du eigentlich hast. Du gehst mit deinen 10 000 Euro zur Bank und sagst: Das ist meine Sicherheit. Bitte leiht mir weitere 90 000 Euro. Ich verspreche, ihr kriegt das Geld in einem Jahr wieder. Dann hast du 100 000 Euro, um damit Aktien des Unternehmens zu kaufen, an das du gerade denkst. Du hast, so nennt man das in der Profisprache und in diesem Fall, *um den Faktor 10 gehebelt*. In einem Jahr verkaufst du die Aktien wieder, denn der Kurs ist wieder um 20 Prozent gestiegen. Du verkaufst die Aktien für 120 000 Euro. Du gibst der Bank, wie versprochen, ihre 90 000 Euro zurück, die du dir für ein Jahr geliehen hattest. Glückwunsch, du hast aus 10 000 Euro, die du eingesetzt hast, 30 000 Euro gemacht. Du hast 200 Prozent reinen Kursgewinn gemacht, vor Abzug der Kosten der Bank. Das ist ein sensationelles Geschäft!

200 Prozent Gewinn in einem Jahr – das ist der große Traum, den das Hebeln dir verspricht. Aber es gibt das Gegenteil: den Alptraum.

Wie im ersten Fall hast du deine 10 000 Euro als Sicherheit bei der Bank hinterlegt. Sie hat dir 90 000 Euro geliehen. Du investierst die 100 000 Euro in Aktien deines Unternehmens. Bloß stellt sich nun heraus: Der CEO deines Unternehmens hat das Produkt nur erfunden, das die Welt verändern sollte. Es funktioniert nicht. Das Krebsmedikament heilt nicht, die erste Unendliche-Energie-Maschine explodiert und radiert dabei eine ganze Stadt aus. Die Aktie stürzt ab. Um 99 Prozent des Wertes. Dein 100 000 Euro-Investment ist nach einem Jahr nur noch 1000 Euro wert.

Ach, denkst du, Aktien fallen, Aktien steigen. Du bleibst entspannt. Das nächste Medikament deines Unternehmens wird besser, die nächste Unendliche-Energie-Maschine explodiert nicht mehr. Alles easy. Bloß klingelt in diesem Moment dein Telefon. Deine Bank ist dran – und will die 90 000 Euro zurück, die du dir geliehen hast. Die Bank will Geld, das du nicht mehr hast.

Was passiert dann? Die Bank holt sich ihr Geld auf anderem Weg. Sie räumt dein Aktiendepot leer, das du seit Jahrzehnten gepflegt hast. Und wenn das nicht reicht, nimmt sie dir deine Playstation weg, deinen Ophidia Duffle Bag von Gucci oder deinen gebrauchten VW-Bus. Wenn das immer noch nicht reicht, zerrt dich die Bank vor Gericht. Der Richter sagt: Das war's. Privatinsolvenz. Du fängst wieder bei null an. Bei null Komma gar nix.

Aktien hebeln – das kannst du machen, wenn du Multimilliardär bist und es scheißegal ist, ob du mal 90 000 Euro verlierst. Aber, bitte: Mach es auf keinen Fall, wenn du gerade dabei bist, deine erste Million zu machen. Es ist einfach viel zu riskant.

Trotzdem: Denk jetzt nicht, dass Hebeln generell Teufelszeug wäre. Du kannst hebeln. Aber nicht mit Aktien. Das ist einfach zu riskant. Ein Fehler und du fängst von vorne an. Kompletter Reset von allem, was du bisher erreicht hast. Wenn du den Turbo zur Million zünden willst (und das musst du nicht, es ist nur eine Option, damit es schneller geht), dann mach es mit einer Anlage, die weniger riskant ist als Aktien. Wenn du es möchtest und dich dabei wirklich sicher fühlst, hebelst du dich zur Million, indem du Immobilienbesitzer wirst.

66 Deine erste Immobilie

Was du bisher gemacht hast, nämlich Aktien kaufen, einen Notgroschen anlegen und Geld in breit gestreute Fonds stecken – diese Strategie nennt man: *Aufsparen*. Das ist die beste Strategie für die ersten 100 000 Euro. Und es ist eine gute Strategie für die erste Million und dein restliches Leben. Bloß: Durch Aufsparen allein reich zu werden, dauert eben ein paar Jahrzehnte.

Wenn es schneller gehen soll, musst du mit *Absparen* anfangen. Du nimmst ein Darlehen auf, um in etwas zu investieren, was du dir eigentlich nicht leisten kannst. Warum? Weil du glaubst, dass sich das Geschäft lohnen wird. Wie gesagt, mit Aktien ist das viel zu riskant. Aktienkurse schwanken. An der Börse kann immer etwas passieren, was du nicht vorhersehen kannst. Zum Beispiel, dass ein CEO Geld in eine Bilanz schummelt, das es gar nicht gibt. (Siehe Seite 131 f. Jan Marsalek und Markus Braun.) Und da ist es eben sehr blöd, wenn die Bank ihr Geld zurückwill, das sie dir geliehen hat – und du hast es nicht mehr.

Wir brauchen ein Investment, das dir einen schönen Gewinn beschert. Dessen Wert aber nicht so stark schwankt wie bei Aktien. Zusätzlich sollte dir dieses Investment zuverlässig und regelmäßig Geld einbringen, damit du dein Darlehen in kleinen Portionen *absparen* kannst.

Es gibt nur ein einziges Investment, das diese Kriterien erfüllt: Immobilien. Anders gesagt: Du kaufst jetzt deine erste Wohnung. Du nimmst ein Darlehen auf, leihst dir also Geld, um dein Investment abzusparen.

Warum sollen ausgerechnet Immobilien beim Hebeln sicherer sein als Aktien? Weil es so irre lange dauert und aufwendig ist, Wohnungen zu handeln. Das geht nicht in Sekunden, Minuten oder Tagen. Das dauert Wochen, Monate. Das ist das Schöne am Wohnungsmarkt. Er ist viel zu langsam, als dass Menschen aus Panik Schnellschüsse machen und noch mehr Chaos anrichten. Immobilien sind, Achtung Fachwort, *wenig volatil,* schwanken also weniger stark im Wert. Im Vergleich zu *stark volatilen* Investments wie Aktien.

Woher kriegst du das Geld für deine Immobilie? Nun, du gehst zu einer Bank und erzählst, wer du bist und was du planst: Du bist dein bisheriges Leben lang vernünftig mit Geld umgegangen. Hast deine Rechnungen immer rechtzeitig bezahlt und dein Depot gepflegt. Du hast einen Plan: Du willst eine Wohnung kaufen. Aus Sicht einer Bank hast du eine *gute Bonität.* Übersetzt: Sie kann dir vertrauen. Ich wette mit dir, die Bank wird dir ein Darlehen für den Kauf deiner ersten Wohnung geben.

Machen wir es mal konkret: Die Bank gibt dir 100 000 Euro. Mein Tipp: Verabredet, dass du der Bank das Geld in sehr kleinen Portionen über einen sehr langen Zeitraum zurückgibst. Sagen wir: 480 Euro pro Monat und das über 30 Jahre. Dass du so lange brauchst, ist okay für die Bank. Dafür möchte sie am Ende aber mehr Geld zurückbekommen, als sie dir geliehen hat: Nach 30 Jahren wirst du der Bank etwa

174 000 Euro zurückgezahlt haben. Klingt viel, ich weiß. Warum es sich trotzdem lohnt, das kommt gleich.

Übrigens: In die Feinheiten von Immobilienfinanzierung, in so etwas wie Tilgung, gebundenen Sollzins und effektiven Jahreszins musst du dich einlesen, wenn es so weit ist. Das sprengt sonst unser Buch. Fürs Erste reichen uns mal diese groben Zahlen, okay?

Unser Plan ist: Du findest eine kleine Wohnung, die 100 000 Euro kostet. Du kaufst sie. Du ziehst aber nicht selbst ein, sondern suchst dir einen Mieter. Der zahlt dir nämlich, im besten Fall, exakt den Betrag, den du monatlich bei der Bank absparst. Nach 30 Jahren hast du der Bank ihr Geld (inklusive Zinsen) zurückgegeben. Die Wohnung gehört dir. Und du hast keinen einzigen Euro dafür bezahlt – sondern dein Mieter.

Wenn das nicht klappt, dass die Miete eins zu eins deine Kreditrate im Monat deckt, spricht man von *Unterdeckung*. Das heißt, du zahlst monatlich noch etwas drauf. Wenn die Summe bescheiden ist, kein Problem. 50 oder 100 Euro? Easy. Sieh es als weiteren Sparplan an. Deine Unterdeckung finanziell auszugleichen, ist gewissermaßen auch eine »Ausgabe« – die sich, wie dein ETF-Sparplan, in einigen Jahrzehnten mehr als lohnen wird.

Sobald du die Wohnung bei der Bank größtenteils oder komplett abgespart hast, verkaufst du sie. Wahrscheinlich ist sie in der Zwischenzeit im Wert gestiegen und jetzt, sagen wir, 300 000 Euro wert. Nicht schlecht, oder? Aber wenn du denkst, es könnte nicht mehr besser gehen: Bei der aktuellen

Rechtslage ist es so, dass du beim Verkauf von Wohnungen, die dir mindestens zehn Jahre gehört haben, keine Steuern bezahlen musst. Du hast einen Gewinn von 300 000 Euro gemacht – mit einer kleinen Wohnung.

Und Achtung: Wir haben in dieser Rechnung jetzt ganz bewusst die Kosten für den Notar, die Grunderwerbssteuer, die Nebenkostenabrechnungen und andere Dinge weggelassen, die zu einem Immobilienkauf gehören. Verzeih mir das. Natürlich ist die Wirklichkeit etwas komplizierter. Aber das ändert nichts daran, dass es für dich gerade nichts Besseres gibt, als eine Wohnung zu kaufen.

So weit die Theorie. Wie aber findest du so eine Wohnung? Worauf solltest du beim Suchen achten?

67 Lage, Lage, Lage

Nun wohnst du vielleicht in München. In Köln. Hamburg. Leipzig. Stuttgart. Wie, zum Teufel, sollst du dir hier eine Wohnung leisten? Hier kosten ja schon Einzimmerwohnungen eine halbe Million Euro. Sollst du nicht. Du sollst nicht nach einer Immobilie in einer Stadt suchen, in der schon heute alle wohnen wollen und die deshalb – Stichwort: Angebot und Nachfrage, du erinnerst dich – wahnsinnig teuer ist.

Du suchst nach einer Immobilie in einer Stadt, in der heute keiner wohnen will. Und in ein paar Jahren: alle.

Erinnere dich an den Marsblick (siehe Seite 62). Die ganze Welt ist dein Investment-Spielfeld. Du musst nicht dort wohnen, wo du kaufst. Und nicht dort kaufen, wo du wohnst. Theoretisch kannst du weltweit nach deiner ersten Immobilie suchen. Praktisch würde ich dir empfehlen, in Deutschland zu suchen. Es ist hier schon schwierig genug, den ganzen nervigen Papierkram zu erledigen. Da brauchst du dich nicht auch noch mit einer fremden Sprache, fremden Behörden und Finanzämtern rumärgern.

Wenn du deine erste Immobilie suchst, zählen nur drei Dinge: erstens Lage, zweitens Lage, drittens Lage. Schon klar, klingt erst mal wie ein Gag, den dein nerviger Onkel auf der Familienfeier nach dem dritten Bier erzählt. Aber er hat recht! Mit dem Spruch ist nicht gemeint, dass Lage quasi dreifach zählt. Es sind drei verschiedene Lagen einer Immobilie gemeint. Alle drei sind wichtig, wenn du eine Immobilie finden willst, die du heute günstig kaufen und in Zukunft teuer verkaufen kannst.

Die Makro-Lage:

Schau dir die verschiedenen Regionen in Deutschland an. Wo findest du noch bezahlbare Wohnungen? Spoiler: In den Metropolen und den reichen Bundesländern wie Bayern oder Baden-Württemberg eher nicht. Schau dir den Rest von Deutschland an: Du suchst eine Region, die gerade dabei ist, sich richtig gut zu entwickeln. Die ein Versprechen auf die Zukunft ist. Such in dieser Region nach einer Stadt, deren Einwohnerzahl wächst. Die eine Universität hat, deren Studentenzahlen wachsen. Ein ICE-Halt wäre gut, ein Flughafen fantastisch (zumindest in einer Entfernung von ein, zwei Stunden Autofahrt). So was kannst du alles über Presseberichte, Wikipedia und Google Maps recherchieren. Frag dich dazu: Welche Unternehmen gibt es vor Ort? Welche sind alteingesessen und werden bleiben? Welche kommen in Zukunft dazu? Hat vielleicht gerade ein Weltkonzern den Bau einer neuen Fabrik vor Ort angekündigt? Was bietet die Stadt sonst noch? Gibt es Sehenswürdigkeiten? Ausflugsziele in der Nähe? Kurz gesagt: Könntest du in dieser Stadt heute ein gutes Leben haben? Und glaubst du daran, dass dieses gute Leben in Zukunft noch besser sein könnte? Wenn du beide Fragen mit Ja beantworten kannst, hast du die Stadt für dein erstes Immobilieninvestment gefunden.

Die Mikro-Lage:

Bleib in deiner Stadt, bleib auf Google Maps. Und zoom rein. Dich interessiert jetzt, welche Viertel in deiner Stadt besonders lebenswert sind. Wo gibt es viele Restaurants? Wo liegen Clubs, wo Museen und Galerien? Wo der Stadtpark? Wenn du ein Viertel findest, in dem es all das nicht nur heute schon gibt, sondern viele der Restaurants, Clubs und Galerien erst in den letzten Monaten aufgemacht haben – dann hast du ein Viertel entdeckt, das in ein paar Jahren ein echter Szene-Kiez werden könnte. Vielleicht ist es ja der Szene-Kiez mit *deiner* ersten Immobilie? Jetzt musst du tatsächlich mal raus aus deinem Schreibtischstuhl. Denn alles, was du in diesem Schritt herausfindest, solltest du wenigstens einmal vor Ort überprüfen. Also: Recherchier zu Hause. Aber fahr einmal selbst hin, um zu gucken, ob es stimmt, was du herausgefunden hast. Hast du vor Ort das gleiche gute Gefühl? Wenn ja: Dann hast du das Viertel für deine Wohnung gefunden.

Die Nano-Lage:

Nun wechselst du von Presseberichten, Wikipedia und Google Maps zu Immobilienportalen, auf denen Wohnungen zum Kauf angeboten werden. Du konzentrierst dich auf dein Viertel, das du in Schritt zwei herausgefunden hast. Dessen Mikro-Lage dir gefällt. Du schaust dir die Anzeigen an. Du achtest darauf: Was ist es für ein Haus? Wann wurde es gebaut? Für die erste Immobilie rate ich dir: Versuch nicht, dich mit dem wunderschönen alten Bauernhaus aus dem 17. Jahrhundert zu verwirklichen. Kauf bei der ersten Wohnung eine in einem Neubau (oder einem entkernten Haus). Da hast du im besten Fall 30 Jahre Ruhe vor kostspieligen Reparaturen und Renovierungen, wenn die Immobilie von einem seriösen Bauherrn nach heutigen Energie- und Baustandards gebaut wurde. Als Nächstes schaust du: Wo im Haus liegt die Wohnung? Ist sie im dunklen Souterrain oder im Dachgeschoss? Hat sie einen Balkon? Liegt der Balkon Richtung Süden, also da, wo man den ganzen Tag Sonne hat? Schau dir den Grundriss an. Wenn du dir lebhaft vorstellen kannst, wie Leute vor Ort einziehen: Dann ist es gut. Dann hast du deine erste Immobilie gefunden, die jemandem wie dir gefällt. Das ist gut, wenn wir über eine Einzimmerwohnung sprechen, die ein Student oder einer mit seinem ersten Job mietet. Das wäre schlecht, wenn dort ein Rentnerpaar einziehen soll. Was ich sagen will: Wichtig ist, dass die Wohnung denen gefällt, die dort einziehen sollen. Stell dir deine Traummieter bildlich und möglichst konkret vor.

68 Und wer soll sich um alles kümmern?

Wenn du nicht dort kaufst, wo du wohnst, darfst du dich vollkommen berechtigt fragen: Wer soll sich darum kümmern, Mieter zu finden? Wer soll die Handwerker rufen, wenn eine Wasserleitung platzt? Ganz einfach: du.

Du fährst alle paar Wochen in die Stadt deiner ersten Immobilie und regelst die Dinge. Nervt das? Ja. Lohnt es sich? Ja! Ganz ehrlich, angesichts eines Gewinns von mehreren Hunderttausend Euro finde ich es wirklich nicht zu viel verlangt, dass du alle paar Wochen ein paar Stunden investierst, damit alles in deiner ersten Immobilie reibungslos läuft.

Bei der ersten Wohnung solltest du alles einmal selbst gemacht haben: einen Mieter finden, Handwerker beauftragen, mit Maklern und Hausmeistern telefonieren. Später, bei deiner zweiten oder dritten Wohnung, kannst du das abgeben und einen Immobilienprofi machen lassen. Aber du musst es einmal selbst machen, um es zu verstehen.

69 Was ist Vermögen? Wie viel Geld habe ich eigentlich?

Bisher war es für dich ziemlich leicht auszurechnen, wie viel Vermögen du hast. Du hast geschaut, was bei deinen Konten und deinem Depot unter dem Strich steht, und alles zusammengerechnet: So reich warst du. Wenn du mit Absparen anfängst, also dir Geld leihst, um es zu investieren, wird es etwas komplizierter. Ein Beispiel ist deine erste Immobilie. Hast du jetzt eine Wohnung und ist das dein Vermögen? Oder hast du jetzt Schulden, weil du ein Darlehen absparst?

Ich würde dir empfehlen, einmal im Jahr eine sogenannte *Vermögensbilanz* aufzustellen. Eine Übersicht über alles, was du hast. Am Anfang geht das relativ leicht, da reicht ein Blatt Papier, später, wenn es komplizierter wird, hilft dir eine Software, den Überblick zu behalten. Deine Vermögensbilanz könnte heute in etwa so aussehen.

Links steht dein *Vermögen*, also das, was du hast. Rechts stehen deine *Verbindlichkeiten*, also das, was andere gern noch von dir hätten.

Wenn du dir diese Vermögensbilanz anschaust, würde ich sagen, dass du ziemlich gut dastehst. Dein Vermögen ist doppelt so groß wie deine Verbindlichkeiten. Das ist ein sehr gutes Verhältnis.

Vermögensbilanz I

Vermögen			Verbindlichkeiten		
Notgroschen	6000 €	3 %			
Einzelaktien	4000 €	2 %			
ETF	50 000 €	25 %			
Themenfonds	20 000 €	10 %			
Immobilie I	120 000 €	60 %	Darlehen Immobilie I	100 000 €	50 %
			Nettovermögen	100 000 €	50 %
Summe	**200 000 €**	**100 %**	**Summe**	**200 000 €**	**100 %**

In ein paar Jahren, wenn du näher an der Million bist, weil du schon die erste Wohnung verkauft (und den Erlös in weitere Immobilien gesteckt) hast, sieht es im besten Fall in etwa so aus: Du verfügst unterm Strich über ein Nettovermögen von 480 000 Euro.

Vermögensbilanz II

Vermögen			Verbindlichkeiten		
Notgroschen	12 000 €	1,4 %			
Einzelaktien	8000 €	0,9 %			
ETF	175 000 €	20,6 %			
Themenfonds	80 000 €	9,4 %			
Immobilie I	200 000 €	23,5 %	Darlehen Immobilie I	75 000 €	
Immobilie II	250 000 €	29,4 %	Darlehen Immobilie II	180 000 €	
Immobilie II	125 000 €	14,7 %	Darlehen Immobilie III	115 000 €	
Immobilien insgesamt	575 000 €	67,6 %	Darlehen insgesamt	370 000 €	44 %
			Nettovermögen	100 000 €	56 %
Summe	**850 000 €**	**100 %**	**Summe**	**850 000 €**	**100 %**

70 Das unbekannte Genie und der gelangweilte Affe

Ein weiterer Eintrag in deiner Vermögensbilanz wären: Sachwerte. Also: Goldbarren, Schmuck, Oldtimer, Flugzeuge. Kurz gesagt, alles, was du anfassen kannst und langfristig etwas wert ist. Zum Beispiel auch Kunst.

Vielleicht hast du ja Kunstgeschichte studiert und bist mit deiner Lieblingsprofessorin von der Universität in Kontakt geblieben. Als ihr mal wieder telefoniert, erzählt sie dir, dass sie gerade ein Buch über eine total unbekannte französische Expressionistin schreibt. Und, wow, ein renommiertes Museum plant eine Ausstellung zum Buch. Da wäre es gar nicht blöd, nein, sogar ziemlich schlau, wenn du direkt nach dem Gespräch ein, zwei, drei Radierungen des unbekannten Genies kaufst. Du lagerst sie ein, bis das Buch deiner Professorin rauskommt und ihre Ausstellung startet. Die Künstlerin wird weltbekannt, ihre Bilder werden wertvoller – und du kannst deine Radierungen für das Doppelte, Dreifache, Hundertfache weiterverkaufen. Günstig kaufen, teuer verkaufen. Dazu möchte ich dich unbedingt ermutigen, wenn du Interesse an Kunst hast. Das Gleiche gilt natürlich für Sneaker, Autos, für Uhren, Briefmarken. Je nachdem, was dich interessiert und womit du dich wirklich auskennst.

Und dann, nun ja, gibt es noch NFTs. Das steht für *Non-fungible Token*. Ein NFT ist wie eine digitale Pfandmarke, die auf den Speicherort einer Blockchain verweist. Meist versteht man darunter digitale Kunst, die recht ähnlich funktioniert wie Kryptowährungen.

Wenn du ein NFT kaufst, wird dieser Kauf auf einer Blockchain registriert: Du bist der Eigentümer dieses digitalen Kunstwerks. Rechtlich bindend ist das meist für niemanden, du kannst daraus in der Regel keinerlei Ansprüche ableiten. Alle anderen können gegebenenfalls dein NFT weiter als Profilbild nutzen oder daraus Memes oder eigene NFTs basteln.

Nehmen wir mal das vielleicht berühmteste Gemälde der Menschheit, die *Mona Lisa*, um etwas anschaulicher zu erklären, was das heißt.

Die Original-Mona-Lisa, im Jahr 1503 vom italienischen Künstler Leonardo da Vinci mit Ölfarben auf eine Leinwand gemalt, hängt heute im Louvre in Paris. Das Museum ist der Eigentümer dieses 500 Jahre alten Originals. Deshalb darfst du das Original-Bild nicht anfassen oder mitnehmen. Es gehört nun einmal dem Louvre und nicht dir.

Was du machen kannst: Du kannst das Original der Mona Lisa fotografieren – wenn es das Museum, der Eigentümer, erlaubt. Du kannst einen Nachdruck kaufen. Oder einen Hoodie kaufen, auf dem das Bild zu sehen ist. Dagegen kann der Louvre nichts machen. Genauso ist es bei NFTs. Andere Menschen können es weiterhin benutzen und vervielfältigen, ohne dass du etwas davon hast.

Da enden aber auch schon die Gemeinsamkeiten. Während jemand wie Leonardo Da Vinci jahrelang an einem Bild gearbeitet hat, kann man digitale Kunst innerhalb von Minuten erzeugen. Okay, wenn es dabei um Unikate geht, kann ich das noch als, sagen wir, spontane, künstlerische Leistung wertschätzen.

Aber ist es noch Kunst, wenn ein Algorithmus Tausende NFTs erstellt, die sich nur in Mini-Details unterscheiden, aber für Tausende, Abertausende, gar Millionen verkauft werden? Beispielsweise der *Bored Ape*, der von den Rappern Eminem und Snoop Dogg gekauft wurde, vom Basketballer Stephen Curry, von Post Malone, Paris Hilton und Justin Bieber. Beim *Bored Ape* gibt es ein Grundbild. Das ist der gelangweilte Affe. Ausgehend davon entscheidet ein Algorithmus, ob auf einer Variation des Bilds der Affe ein gestreiftes Shirt trägt oder ein einfarbiges. Ob er eine Sonnenbrille aufhat oder Laser aus den Augen schießt. Ob er lächelt oder die Zähne fletscht. Mit diesen Affen sollen die Macher zum Zeitpunkt, als ich dieses Buch schreibe, gut eine Milliarde Dollar verdient haben. Schön für sie. Vor allem für sie. Eigentlich: nur für sie.

Denn, sorry, so richtig sehe ich nicht, wie jemand anders außer sie davon profitiert, diese Affen zu handeln. Und, noch mal sorry, es fällt mir auch schwer, ihre Affen als Kunst zu sehen. Echte und tiefgehende Kunst entsteht, weil Künstler sie aus echten und tiefen Gefühlen entstehen lassen und wir diese Gefühle spüren, wenn wir ihre Gemälde anschauen, ihre Songs hören oder ihre Romane lesen. Zumindest sehe ich das so. Andere mögen ihre eigene Auffassung von Kunst haben.

NFTs sind, so ehrlich muss man sein, eine unternehmerische Erfindung. Mehr nicht. Aber auch nicht weniger. NFTs sind, wie jede Kunst, wie jeder Sachwert, eine Investmentmöglichkeit, die sich lohnen kann. Wenn man sich auskennt. Und darauf steht, mit Tausenden Variationen von gelangweilten Affen zu handeln.

Vielleicht irre ich mich. Vielleicht wird es in Zukunft neue Anwendungen von NFTs geben, die einen Mehrwert für alle haben – das weiß ich nicht. Ich glaube es, ich hoffe es. Vor wenigen Jahren hätte ich mir das alles noch nicht vorstellen können. Und jetzt kann man sogar schon Notarverträge auf der Blockchain verbriefen.

71 Investieren in Start-ups

Wenn man Investoren fragt, was sie mit einer Zeitmaschine machen würden, sagen viele: Ins Jahr 1976 zurückreisen und Apple-Anteile kaufen, als Steve Jobs noch in der Garage seiner Eltern an den Vorläufern moderner Computer rumgeschraubt hat. Oder: Im Jahr 2003 Tesla-Anteile kaufen, als sich noch kein Mensch vorstellen konnte, dass einmal die halbe Menschheit Elektroautos fahren will.

Eine Zeitmaschine, mit der du in die Vergangenheit reisen kannst, kann ich dir leider nicht bieten. Aber dafür eine Strategie, mit der du heute derjenige sein kannst, den in 30 Jahren alle beneiden, weil du der Erste warst, der in den Weltmarktführer einer Branche investiert hat, die heute noch gar nicht existiert. Du investierst dein Geld direkt in Start-ups, also ganz neu gegründete Unternehmen, die für ihr weiteres Wachstum Kapital brauchen – dein Geld.

Worüber wir jetzt reden, ist ein Bereich des Investierens, bei dem du unfassbar viel Geld verdienen kannst. Und genauso unfassbar viel Geld verlieren kannst. Es ist riskant, in Start-ups zu investieren. Deshalb: Nimm bitte nur einen kleinen Teil des Vermögens, vielleicht fünf Prozent. Wenn wir davon ausgehen, dass du gerade vielleicht 100 000 Euro an Vermögen hast, kannst du 5000 Euro investieren.

Alle Start-ups wollen gerne ein *Einhorn* werden. So nennt man Start-up-Unternehmen mit einer Marktbewertung von über einer Milliarde US-Dollar. Können diese Start-ups so eine vergleichsweise kleine Summe gebrauchen? Definitiv! Wenn auch mit Einschränkungen.

Haben die Start-ups einen Investor, der ihnen längst Millionen zuschießt, werden sie deine 5000 Euro wahrscheinlich nicht interessant finden. Dann hast du dir ein Unternehmen ausgesucht, das schon zu weit ist. Also längst viele Kunden hat und ein paar Zehntausend oder ein paar Hunderttausend Euro Umsatz.

Du brauchst ein Start-up, das noch ganz am Anfang ist. Wie du das findest? Geh zu Veranstaltungen, bei denen sich Start-ups vorstellen. Die meisten Universitäten, besonders die mit technischer oder wirtschaftlicher Ausrichtung, bieten solche Veranstaltungen an. Im Internet kannst du dir so was auch als Stream anschauen. Bei solchen Veranstaltungen stellen Studenten Produkte vor, die sie sich ausgedacht haben und für die sie gern eine Firma gründen möchten. Wenn dir eine ihrer Ideen gefällt, sprich die Gründer an. Frag: »Hey, geile Idee. Wie sieht's aus, braucht ihr Kapital?« Ich schwöre dir: Die Gründer werden dankbar sein, dass du fragst. Denn die wenigsten Investoren glauben an Ideen, an die bisher noch keiner glaubt. Warum solltest nicht ausgerechnet du der erste sein? Für Unternehmen in diesem Stadium sind deine 5000 Euro durchaus spannend.

Du kannst mit deinen 5000 Euro 50 Prozent der Firma kriegen, wenn du wirklich früh dran bist. Also wirklich der Erste, der Geld reinsteckt. Wenn die Firma schon etwas weiter ist, kriegst du vielleicht 20 Prozent. Oder ein Prozent, wenn sie schon ganz gut im Geschäft ist. Egal, wie groß dein Anteil ist, immer profitierst du davon, wenn das Unternehmen wächst: Wenn es mehr verkauft. Mehr Umsatz macht. Mehr Kunden findet. Und mehr Investoren.

Lass uns schauen, wie viel deine Anteile wert sein könnten, wenn die Firmen wachsen. Und zwar so richtig. Was wird aus deinen 5000 Euro Anfangsbeteiligung, wenn dein Unternehmen mal mit einer Milliarde Euro bewertet wird und du nur ein Prozent Anteil hattest? Dann hast du aus 5000 Euro zehn Millionen Euro gemacht, und selbst wenn du »nur« 0,1 Prozent des Unternehmens gekauft hast, hast du einen Wert von einer Million Euro.

Und wenn das Unternehmen jemals zehn Millionen Euro Umsatz macht und du konntest früh mit 5000 Euro einsteigen, dann hast du bei einer Beteiligung von einem Prozent trotzdem einen Wert von 100 000 Euro in deinem Portfolio.

Jetzt weißt du: Es kann sich wahnsinnig lohnen, in ein Start-up zu investieren. Zur Wahrheit gehört aber auch: Die allermeisten Start-ups überleben die ersten Jahre nicht. Es ist deshalb sehr wahrscheinlich, dass dein Geld, na ja, dann weg ist. Auf der anderen Seite gibt es eben auch die Mini-Mini-Mini-Chance auf zehn Millionen Euro.

Das Schwierige ist nur, ein Unternehmen zu finden, das nicht nur die ersten schweren Jahre überlebt, sondern so richtig, richtig groß wird. Wie findest du das?

Um das zu beantworten, möchte ich dir zwei spannende Menschen vorstellen.

Zuerst einen Investor, der wirklich überragend darin ist,

Unternehmen zu finden, bei denen er vor allen anderen einsteigt – und so am meisten Kohle rausträgt.

Anschließend möchte ich dir eine Gründerin vorstellen, die Investoren überzeugte, indem sie Sextoys aus der Schmuddelecke in die Mitte der Gesellschaft brachte.

PETER THIEL – DER RADIKALE

Das Silicon Valley, die Wiege von Apple, Facebook und Google, wäre vielleicht nie zum globalen Zentrum der Hightech-Industrie geworden, wenn es nicht einen Deutschen gegeben hätte, der es maßgeblich mitgeprägt hat: Peter Thiel, geboren in Frankfurt am Main, Sohn eines international arbeitenden Chemikers, der sich 1977 in Kalifornien niederließ. Als Peter Thiel 32 war, gründete er mit einem gewissen Elon Musk den Bezahldienst Paypal. Seit die beiden die Firma verkauft haben, nutzt Thiel sein Geld, um in Start-ups zu investieren. Er gründete einen Venture-Capital-Fonds, also einen Fonds für Wagniskapital. Dabei beweist Thiel einen überragenden Instinkt, welchen Firmen er den ganz großen Sprung zutraut. So war er der erste externe Investor von Facebook. Heute investiert er in Cannabis-Start-ups, Biotechnologiefirmen und FinTec-Unternehmen, also die Branche, die Finanzdienstleistungen mit Technologie verändern will. Noch mehr allerdings als durch seine Investments hat er das Silicon Valley durch seine Ideen geprägt, vor allem mit seinem Buch »From Zero to One«, das in Kalifornien wie eine zweite Bibel gelesen wird. Thiel, studierter Philosoph, ist der Überzeugung, dass es gerade bei Technologiekonzernen gut sei, wenn es nur wenige, am besten nur eine einzige Firma gibt, die eine Branche dominiert. Thiel glaubt, im Gegensatz zu vielen anderen Wirtschaftsexperten, dass Wettbewerb Innovationen eher verhindert. Und Profite vernichtet. Ausgehend von dieser radikalen Idee Thiels arbeiten die großen Firmen im Silicon Valley daran, noch größer zu werden. Immer größer und größer und größer. Und dabei, wenn es sein muss, extrem rücksichtslos mit anderen Beteiligten umzugehen – egal, ob das Konkurrenten sein mögen. Oder der Staat. Thiel sagt sogar, Freiheit für den Markt und Demokratie würden sich gegenseitig ausschließen.

LEA-SOPHIE CRAMER – DIE SANFTE REVOLUTIONÄRIN

Vor einigen Jahren, so erzählt es Lea-Sophie Cramer selbst, saß sie im Zug und las den Erotikroman *50 Shades of Gray*. Cramer, Jahrgang 1987, mit Serien wie *Sex and the City* aufgewachsen, wunderte sich, wie offen die Gesellschaft beim Thema Sex geworden war: Jeder konnte mit jedem, solange alle Beteiligten freiwillig mitmachen wollten. Es gab kaum noch Tabus. Außer einem: Sextoys. In Läden, die *Dildoking* oder *Beate Uhse* hießen, fand Cramer nur Toys, die sie verstaubt und abschreckend fand. Uncool. Irgendwie: schmuddelig. Warum, dachte sich Cramer, geht das nicht anders? Sex ist ein menschliches Grundbedürfnis und mit Toys kann man ziemlich zuverlässig Geld verdienen. Es brauchte nur einen Imagewechsel. Cramer gründete *Amorelie*. Allein der Name des Unternehmens klingt irgendwie: süß. Genauso sieht auch die Werbung aus, reingefilmt in pastellfarbene Schlafzimmer, wo ganz normale Menschen Spaß mit den Produkten haben. Cramer führte das Geschäft mit Toys aus der angestaubten Schmuddelecke in die Instagram-Feeds und Innenstädte. So überzeugte Amorelie Paare, die sich heute wie selbstverständlich einen Adventskalender des Unternehmens unter den Weihnachtsbaum legen. Oder solche, die sich bei Amorelie eine Peitsche oder Vibratoren bestellen, was sie sich bei einem der alten Erotikshops niemals getraut hätten. Cramer hatte die Hemmschwelle für Toys gesenkt. Und es Paaren und Einzelgängern einfach gemacht, bei ihr zu bestellen. Schon früh erkannten mutige Fonds, deren Spezialität Wagniskapital ist: Das wird was ganz Großes! Es ging steil bergauf. Nur drei Jahre nach der Gründung des Unternehmens kaufte *ProSiebenSat1* 75 Prozent der Anteile – und spendierte Amorelie eine eigene Show im Sender *Sixx*. Gleichzeitig gründete Cramer ihren eigenen Wagniskapitalfonds, mit dem sie in Start-ups investiert und junge Gründerinnen und Gründer als Mentorin berät.

72 Investieren in Start-ups mit Fonds: Private Equity

Wenn du selber gerne Bilanzen liest, wenn es dir Spaß macht, selbst Start-ups zu finden: Mach genau das, was wir gerade besprochen haben. Finde Start-ups. Investier in sie. Vielleicht wirst du Multimillionär. Vielleicht verbrennst du eine ganze Menge Geld.

Wenn du vom Wachstum der Start-up-Szene insgesamt profitieren willst, ohne dich an bloß einem einzigen zu beteiligen, und wenn du keine Lust hast, selber Bilanzen zu sichten, Unternehmer anzusprechen und ständig Notartermine wegen deiner Beteiligungen zu haben – wenn dich all das nervt und du beim Investieren in Start-ups dein Risiko streuen willst: Investier in einen Fonds, der das tut. Fonds, die ausschließlich in Unternehmen investieren, die nicht an der Börse sind. Man nennt sie: *Private-Equity-Fonds.* Das können Mini-Firmen sein. Oder Milliardenunternehmen wie die Supermärkte Aldi und Rewe. Der Autozulieferer Bosch, der auch noch Akkuschrauber und Staubsauger verkauft. Oder der amerikanische Autobauer Chrysler.

Fonds, die ausschließlich in Start-ups investieren, die also ein hohes Risiko, aber auch eine hohe Chance auf Rendite haben, nennt man: *Venture-Capital-Fonds* oder *Wagniskapitalfonds.*

73 Die Rentenlüge – der Traum, von Dividenden zu leben

Der Traum, den viele träumen, wenn sie an Reichtum denken, ist dieser: von den Dividenden, Zinsen und Mieteinnahmen leben können. Welchen Wert müsste dein Portfolio haben, um das zu schaffen? Wie viel Vermögen bräuchtest du, damit pro Jahr, sagen wir, das deutsche Durchschnittseinkommen von rund 50 000 Euro nur durch Dividenden, Zinsen und Mieteinnahmen reinkommt?

Ich schätze: Eineinhalb Millionen Euro. Mindestens.

Wenn du so ein Depot hast und absolut keine Lust mehr hast zu arbeiten – lass es. Mach körperlich etwas ruhiger, wenn dein Körper dir sagt, dass du das tun solltest. Bitte überstimm ihn nicht. Das lohnt sich nicht. Der Preis dafür ist viel zu hoch. Spiel mit deinen Hunden. Back den ganzen Tag verrückte Torten und Bananenbrot. Mach Pasta selber. Pfleg einen Garten. Lern ein Instrument. Lern, wie man Gemälde malt. Lern alle Fremdsprachen, die du jemals lernen wolltest, und schau dir die Orte der Welt an, die du seit Jahren bei Instagram angeschmachtet hast. Das wäre eine sehr schöne letzte Etappe für das Leben als Investor.

Was eine traurige letzte Etappe wäre: wenn du deinen Kopf in Rente schickst. Wenn du dein Leben lang Vermögen durch Verzicht und Qual aufgebaut hast. Wenn du in den letzten Jahren nur körperlich bei der Arbeit anwesend bist, weil du schon die Tage runterzählst, bis du endlich, endlich, endlich in Rente darfst. Und dann? Morgens den Fernseher an, abends den Fernseher aus, Zähne putzen und Gute Nacht. Tagein, tagaus. Routine und bloß nix Neues mehr. So lange, bis du stirbst – und zwar erst vor Langeweile und dann wirklich.

Ich finde, der Begriff »Rente« sollte eigentlich nur den Zeitpunkt beschreiben, an dem du finanziell unabhängig bist. Das kann mit 30 sein, mit 40 oder 60.

Ich kann dir nicht vorschreiben, was du machen sollst, wenn du alt bist. Aber, das wirst du verstehen: Ich würde dich sehr gern ermutigen, ein Leben lang Investor zu sein. Vielleicht konnte ich dich mit diesem Buch davon überzeugen, es dein Leben lang zu bleiben und bis zu deinen letzten Tagen mit spannenden Aktien, Fonds, Kryptowährungen, Kunst oder Start-ups zu handeln.

Ach ja – und danke dir. Dafür, dass du das Buch bis hierher gelesen hast. Mir war es eine Ehre und dir hoffentlich eine Freude. Jetzt weißt du, wie du Millionär wirst. Jetzt kennst du die planbaren, seriösen und legalen Wege, wie du reicher wirst als deine Eltern. Also: Leg los!

WAS WÄRE, WENN …

… WIR ALLE SUPERREICHEN ENTEIGNEN WÜRDEN?

Manchmal frage ich mich, was im Leben von Multimilliardären schiefgelaufen ist. Also menschlich. Wenn ich die Nachrichten anschaue, sehe ich, wie diese Superreichen sich absurd riesige Yachten kaufen. Wie sie ins Weltall fliegen. Wie sie Steaks in Blattgold essen. Sorry, das sind Erwachsene, die sich wie Kinder verhalten. Und zwar die Sorte von Kindern, die keiner leiden kann.

Gleichzeitig sterben noch immer Menschen an Hunger oder Krankheiten, die man mit einer einzigen Impfung verhindern könnte. Es sterben Jugendliche in Minen, aus denen sie die Rohstoffe für unsere Smartphones holen. Erwachsene und Kinder sterben in Kriegen, die sie nicht angefangen haben. Und wir stecken mitten in der Klimakrise.

Ganz ehrlich, da kann ich es manchmal verstehen, wenn Menschen sagen: »Wir müssen den Superreichen ihr Geld wegnehmen und es für die gute Sache verwenden.«

Man muss allerdings unterscheiden zwischen, sagen wir mal, guten und bösen Superreichen. Ich glaube, wenn man konsequent allen Superreichen ihr Geld wegnehmen würde, würde man ein fatales Signal senden. Man würde Menschen die Motivation nehmen, etwas wirklich Weltveränderndes zu erfinden oder zu erreichen. Warum sollen Forscher morgens aufstehen, wenn man ihnen das Geld sowieso wegnimmt, das sie mit ihrem ultimativen Krebs- oder Alzheimerheilmittel verdienen? Warum soll jemand die Super-Technologie gegen die Klimakrise erfinden? Ich glaube daran, dass das Aufstiegsversprechen – du kannst alles schaffen, wenn du hart arbeitest und eine gute Idee hast – eine riesige Kraft hat, Menschen zu motivieren. Ich find's okay, reich zu werden. Sogar sehr reich.

Nehmen wir Elon Musk, der zum Zeitpunkt, als ich dieses Buch schreibe, reichste Mann der Welt, der über 200 Milliarden Euro Vermögen verfügt. Einer dieser Weltraum-Yacht-Milliardäre. Manchmal vergisst man, wie viel Geld er eigentlich hat. Also, kurzes Rechenbeispiel. Stell dir vor, du verdienst echt gut: eine Million Euro im Jahr. Und du würdest niemals auch nur einen Cent davon ausgeben. Wie lange würdest du brauchen, um so reich zu werden wie Elon Musk? Schätz mal. 100 Jahre? Mehr! 500 Jahre? Mehr! 1000 Jahre? Viel mehr! Wenn du jedes Jahr eine Million Euro verdienst und nie einen Cent ausgibst, brauchst du 200 000 Jahre, um auf 200 Milliarden zu kommen. Rückwärts gerechnet heißt das: Hätte vor 200 000 Jahren der erste Homo sapiens, der erste moderne Mensch, der auf der Erde rumlief, pro Jahr eine Million Euro verdient und im Lauf der Jahrtausende keinen Cent ausgegeben – er hätte heute gerade einmal so viel wie Elon Musk.

Sollen wir daraus schließen, dass die Welt schrecklich ungerecht ist und wir deshalb allen Superreichen ihr Geld wegnehmen sollten? Vielleicht. Aber ich habe eine andere Idee: den Milliardärsführerschein. Beim Übergang vom Multimillionär zum Milliardär müssen alle zu einer Prüfung. Zuerst muss er oder sie einen Aufsatz schreiben: Wo kommt er oder sie her? Wer sind die Leute, die ihm oder ihr auf dem Weg nach oben geholfen haben, und hat er oder sie sich ausreichend bei ihnen dafür bedankt? Es werden Freunde, Familie und Feinde befragt, um herauszufinden: Ist dieser Multimillionär ein einigermaßen guter Mensch?

Anschließend geht's zur Therapie. Jeder Multimillionär muss sich mit den Verletzungen und Traumata aus seinem bisherigen Leben auseinandersetzen und sie aufarbeiten. Damit er sich zum Beispiel nicht das fünfte Boot kauft, weil er früher in der Schule gemobbt wurde. Oder sie nicht ihre unglückliche Pubertät nachholt, indem sie ständig viel zu junge Männer (oder Frauen) für Sex bezahlt, weil sie früher oft zurückgewiesen wurde. Wer sich hier gut schlägt, bekommt ein Zeugnis, in dem steht: Dieser Multimillionär verfügt über die nötige geistige Reife zum Milliardär. Er wird nicht versuchen, seine persönlichen Defizite mit Geld auszugleichen.

Zum Schluss wird noch das Geschäft überprüft, mit dem er oder sie reich geworden ist: Hat sein Produkt oder ihre Dienstleistung einen Mehrwert für viele Menschen? Zahlt er oder sie seine Steuern und versteckt sie nicht in einem Firmengeflecht oder auf irgendwelchen Steuerfrei-Inseln? Behandelt er oder sie die Mitarbeiter gut, hält grundlegende Menschenrechte ein – lässt zum Beispiel keine Kinder für sich arbeiten? Beteiligt er oder sie die Mitarbeiter, wenn es ein richtig gutes Jahr für das Unternehmen war?

Wer bei einem Teil der Prüfung durchfällt, dessen Geld wird einer Stiftung zur Verfügung gestellt, die damit den Welthunger bekämpft oder Impfungen gegen Kinderlähmung und Ebola kauft. Nur wer alle drei Teile der Prüfung besteht, darf Milliardär werden. Und von mir aus fünf, 50 oder 500 Milliarden anhäufen.

Nur ein Problem habe ich noch mit meiner Idee: Wer, zum Teufel, soll diese Prüfung veranstalten? Die Vereinten Nationen? Die anderen Milliardäre? Eine Gruppe der schlausten Forscher aus Harvard, Yale und Oxford? Eine künstliche Intelligenz? Alle Menschen, die über das Internet abstimmen? Gott?

Wenn du eine Idee hast, wer garantiert unbestechlich sein könnte, dass er den Milliardärsführerschein ausstellen könnte – melde dich! Dann gründen wir eine Partei und kämpfen dafür!

10 LEKTIONEN FÜR DEINE FINANZIELLE UNABHÄNGIGKEITSERKLÄRUNG

1. Du musst dir selber helfen

Die Welt ist ungerecht: Deine Eltern bekommen Betriebsrente und eine vom Staat. Sie konnten sich leisten, ihr Geld ein Leben lang auf dem Sparbuch zu parken, und haben sich trotzdem, als sie gerade 30 waren, Häuser gekauft, von denen du ein Leben lang träumen wirst. Es sei denn: Du kümmerst dich selbst darum. Denn es wird dir keiner helfen. Kein Staat, keine Bank, keine Schule. Einen guten Umgang mit Geld lernst du nur, wenn du ihn dir selbst beibringst.

2. Der beste Zeitpunkt, um anzufangen, ist: heute

Das Leben ist wie eine Fahrt auf der Autobahn. Die ersten Abfahrten nimmst oder verpasst du, je nachdem, wie du die Schule beendest, für welchen Studiengang du dich entscheidest, in welche Stadt du ziehst oder in welches Land du gehst. Jede Entscheidung, die du jetzt triffst, hat Einfluss auf die Entscheidungen, die du danach triffst. Und keine kann wieder rückgängig gemacht werden. Und was du jetzt nicht tust, kannst du später nur schwer wieder aufholen. Vielleicht sogar gar nicht. Dein Möglichkeitsraum wird kleiner, wenn du den frühen Einstieg verpasst hast. Wenn du früh mit dem Investieren startest, am besten: heute, arbeitest du dir einen Startvorsprung heraus, den du über die Jahre und Jahrzehnte ausbaust – bis zum Ziel: der ersten Million.

3. Es gibt keinen Weg zum Reichtum, der legal, planbar und schnell ist

Klar, du kannst ein Produkt erfinden, nach dem die ganze Welt verrückt ist, und als Erfinder irre reich werden. Nur: So eine Idee kannst du nicht planen. Höchstwahrscheinlich wirst du in deinem Leben keine Idee haben, aus der ein Unternehmen wird, das dich zum Millionär macht. Alternativ könntest du natürlich einen globalen Drogenhandel im Internet aufziehen und als Dealer irre reich werden. Nur: So ein Geschäft bringt dich in den Knast. Wenn dir eine weltverändernde Idee genauso fehlt wie kriminelle Energie, bleibt dir nur: vernünftiges Investieren. Dafür brauchst du: Geduld. Es dauert bis zur ersten Million. Aber du kannst es schaffen – versprochen!

4. Investier nur in Dinge, die du verstehst und mit deinem Gewissen vereinbaren kannst

Um reich zu werden, musst du weder deine Seele verkaufen noch zehn Jahre BWL studieren. Du musst keine unendlich komplizierten Finanzprodukte verstehen. Im Gegenteil: Die besten Produkte für dich sind die, die du als Laie mit Ambitionen direkt verstehst. Wie du dein Geld selbstbestimmt anlegst, hat direkten Einfluss darauf, wie sich die Welt verändert. Deshalb: Investier in Dinge, die zu dir passen. Die du gut findest. Von denen du überzeugt bist, dass sie, nach deinen persönlichen Maßstäben von *gut* und *schlecht,* den Planeten weiterbringen und die Menschen, die darauf leben. Aktien, Anleihen, Kunst, Gold, Rohstoffe und Immobilien – eine ganze Investment-Welt steht dir offen. Du musst nur die ersten Schritte machen.

5. Halt dich an die goldene Zehn-Prozent-Regel

Egal, wie Geld seinen Weg zu dir findet – ob als Geburtstagsgeschenk, Taschengeld, Ferienjob oder durch deine ersten Deals –, von jeder Einnahme packst du zehn Prozent weg. Um sie zu investieren. Oder anders gesagt: um dein Geld für dich arbeiten zu lassen.

6. Von Geld kann man sich alles kaufen. Außer Glück

Geld macht dich nicht glücklich. Es zu haben, lässt dich vielleicht besser schlafen. Besser essen. Besser reisen. Aber auch im Sportwagen und der Hotelsuite bist du allein mit deinem Geld, wenn du keine Freunde und keine Familie hast. Glücklich wirst du nicht, wenn du zwar auf jeder Party der Reichste bist – aber auch der Dümmste. Investier nicht nur in deinen finanziellen Reichtum. Investier in dich als Menschen. In deine Bildung. Und vor allem: in deine Beziehungen zu anderen.

7. Anders als im Leben wird an der Börse immer alles wieder gut

Wenn Deutsche an *die Wirtschaft* denken, endet ihr Horizont meistens bei den gerade einmal 40 Unternehmen, die im Aktienindex DAX abgebildet sind. Du bist weitsichtiger. Du schaust nicht nur nach Deutschland, nicht nur nach Europa. Dein Investment-Spielfeld ist die ganze Welt. Nicht nur eine Branche, sondern alle. Nicht ein Unternehmen, sondern Tausende. Wer streut, rutscht nicht aus. Wer Geduld hat, kann gelassen bleiben: Was ist schon ein schlechter Tag an der Börse oder ein paar stürmische Wochen, wenn man, wie du, in Jahren und Jahrzehnten denkt – und im Rückblick der schlimmste Tag des Crashs nur der ist, bevor die Kurse wieder zu steigen beginnen?

8. Du musst nicht nur Geld machen – du musst es auch schützen

Schön und gut, wenn du deine ersten dicken Gewinne einstreichst. Fantastisch, wenn dein Vermögen wächst. Aber was, wenn du plötzlich nicht mehr so kannst, wie du gerne willst. Was, wenn es deinem Körper oder deinem Kopf so richtig schlecht geht? Wenn du richtig Scheiße baust? Wenn du rechtzeitig die richtigen Versicherungen abgeschlossen hast, werden sie dich fluffig leicht und kuschelig auffangen.

9. Die schönen Dinge des Lebens

Du sollst kein verkrampfter Sparer werden, der sich nichts mehr gönnt. Du sollst das beste Essen genießen, die besten Drinks, die besten Konzerte, die schönsten Reisen. Wenn du diszipliniert und vor allem *smart* auf deine Ziele hinarbeitest, kannst du dir alles erlauben, was du wirklich willst.

10. Deine finanzielle Unabhängigkeitserklärung

Warum du das alles machst? Damit du mit Mitte 60 endlich den ganzen Tag vor dem Fernseher sitzen kannst, jeden Tag das gleiche Essen isst, die gleichen Gesichter siehst und nie wieder das Haus verlässt.

Natürlich nicht! Du investierst ein Leben lang. Für ein sicheres Gefühl. Für die schönen Dinge des Lebens. Weil es Spaß macht. Und um an einem Zeitpunkt, den du dir selbst aussuchst, deine finanzielle Unabhängigkeitserklärung auszurufen.

Danke

Mein herzlicher Dank gilt meinen Wegbegleitern bei der ecoblue AG, die viel Zeit und Nerven in die Recherche von Fakten, die Analyse von Zahlen und das Probelesen gesteckt haben.

Herzlichen Dank auch an Bettina Kaltenbach, die vom ersten bis letzten Tag für dieses Projekt gebrannt hat.

Besonderer Dank gilt Niclas Seydack und Felix Hofer für die Entstehung dieses Buchs.

Bedanken möchte ich mich auch bei meinen Kindern, Emma und Max, die die Leser der ersten Stunde waren und mir wertvolle Rückkoppelungen gegeben haben.

Und danke an meine Frau Charlotte, die jedes Detail mit mir wiederholt gelesen und mein Augenflimmern reduziert hat.

Stichwortverzeichnis

Aktie 21
Aktien 45, 113
Aktiendepot 21
Aktienfonds 172
Aktienindex 138
Aktienkurse 45
Aktiva 129
aktiv gemanagter Fonds 174
Allokation 170
Anleihen 104
Ausfallrisiko 193
Bilanz 121
Bitcoin 50
Börse 59
CEO 129
CFD-Trading 23
DAX 62
Dividende 157
Dow Jones 179
Eigenkapital 129
ETF 21, 178
Festgeld 104
Fondsmanager 173
Girokonto 100
Hochzinsanleihen 192
Inflation 44
Junk-Bonds 192
Kapitalismus 47
Kapital-Lebensversicherung 104
Kredite 40
MSCI World-Index 179
NFTs 240
Passiva 129
Pfandbrief 104
Private-Equity-Fonds 252
Rating-Agenturen 193
Rentenfonds 104
Schatzbrief 104
Sparbuch 104
Start-ups 244
Tagesgeldkonto 104
Themenfonds 190
thesaurierend 21
UCITS 179
Umsatz 123
Unterdeckung 231
Venture Capital Fonds 252
Vermögensbilanz 238
Vertrag von Maastricht 48
Wagniskapitalfonds 252
Zinseszins 182 ff.

Quellennachweis

Das Buch verweist auf externe Webseiten, auf deren Inhalt Autor und Verlag keinen Einfluss haben. Für die Inhalte und Richtigkeit dieser externen Links ist der jeweilige Anbieter der genannten Webseite verantwortlich. Autor und Verlag übernehmen keinerlei Gewähr für diese Inhalte. Die verlinkten Inhalte wurden bei der Erstellung des Buches (Stand: August 2023) überprüft. Es ist jedoch nicht auszuschließen, dass die Inhalte im Nachhinein von den jeweiligen Anbietern verändert werden. Eine regelmäßige Überprüfung der externen Inhalte auf etwaige Veränderungen findet nicht statt.

1 Bundeszentrale für politische Bildung. https://www.bpb.de/politik/innenpolitik/rentenpolitik/289604/geschichte-der-rentenversicherung.

2 Demografieportal. https://www.demografie-portal.de/DE/Fakten/altersrentner-beitragszahler.html.

3 Vgl. Valentina Vapeux. Generation Z: Zwischen Selbstverwirklichung, Insta-Einsamkeit und der Hoffnung auf eine bessere Welt.

4 Bankenverband.https://bankenverband.de/blog/leipzig-hier-wird-unser-geld-gedruckt/.

5 BBC. A History of the World. https://www.bbc.co.uk/ahistoryoftheworld/objects/7cEz771FSeOLptGIElaquA#:~:text=It%20is%20often%20thought%20that,by%20the%20Lydian%20king%20Croesus.&text=The%20ancient%20Greek%20author%20Herodotus,bimetallic%20currency%20had%20many%20advantages.

6 Saltzwedel, Johannes (2009): Der Heller-Wahn. In: Spiegel Geschichte: Geld.

7 Die Deutsche Bundesbank. Zentralbankgeschichte in Deutschland. https://www.bundesbank.de/resource/blob/597802/5647f3eb237a10b674f6c0564ecb2af7/mL/die-deutsche-bundesbank-data.pdf.

8 Wer war schuld? Historikerdiskussion. https://www.friedrich-verlag.de/geschichte/neue-neueste-geschichte/wer-war-schuld-2387 // Anlässlich der Veröffentlichung von Christopher Clark. Die Schlafwandler (2014).

9 Die Deutsche Bundesbank. Zentralbankgeschichte in Deutschland. https://www.

bundesbank.de/resource/blob/597802/5647f3eb237a10b674f6c0564ecb2af7/mL/die-deutsche-bundesbank-data.pdf.

10 Die Deutsche Bundesbank. Zentralbankgeschichte in Deutschland. https://www.bundesbank.de/resource/blob/597802/5647f3eb237a10b674f6c0564ecb2af7/mL/die-deutsche-bundesbank-data.pdf.

11 Statistisches Jahrbuch für das Deutsche Reich. Zitiert nach: https://www.welt.de/finanzen/article180419090/Hyperinflation-Wenn-ein-einziger-Kaffee-zwei-Millionen-Bolivar-kostet.html.

12 Die Deutsche Bundesbank. Zentralbankgeschichte in Deutschland. https://www.bundesbank.de/resource/blob/597802/5647f3eb237a10b674f6c0564ecb2af7/mL/die-deutsche-bundesbank-data.pdf.

13 MDR Geschichte. https://www.mdr.de/geschichte/war-die-ddr-pleite100.html.

14 Nakamoto, Satoshi (2008): Bitcoin: A Peer-to-Peer Electronic Cash System. https://bitcoin.org/bitcoin.pdf.

15 Handelsblatt. https://www.handelsblatt.com/arts_und_style/lifestyle/rolex-patek-philippe-und-co-die-zehn-teuersten-uhren-der-welt/27781772.html?ticket=ST-11052826-wtm3JOjtgSniavf0nual-ap3.

16 Geschichte der Frankfurter Börse. https://www.boerse-frankfurt.de/grundlagen/frankfurterwertpapierboerse/geschichte.

17 Wirtschaft-Global. http://www.wirtschaft-global.de/der-erste-boersencrash-der-weltgeschichte.html.

18 Britannica. https://www.britannica.com/topic/New-York-Stock-Exchange.

19 Visit Aalsmeer. https://www.visitaalsmeer.nl/en/facts-flower-auction-aalsmeer/.

20 Wallstreet Online. https://www.wallstreet-online.de/nachricht/9843580-geschichte-boerse Oder: Tagesschau. https://www.tagesschau.de/wirtschaft/boerse/hr-boerse-story-14431.html.

21 Frankfurter Rundschau. https://www.fr.de/wirtschaft/frankfurter-boerse-klassischerparketthandel-endet-11397224.html.klassischer-pa

22 Zitiert nach Wall Street Journal (2019): https://www.wsj.com/articles/aristotles-pursuit-of-happiness-11548950094#:~:text=Aristotle%20didn't%20equate%20happiness,in%20the%20best%20way%20possible.

23 Britannica. https://www.britannica.com/biography/Aristotle.

24 Big Think. https://bigthink.com/

personal-growth/10-philosophers-on-if-money-can-make-you-happy/.
25 Zum Beispiel: Killingsworth (2021): https://www.pnas.org/content/118/4/e2016976118 Oder: Kahnemann (2010): https://www.pnas.org/content/107/38/16489.
26 In Grundzügen: Maslow, Abraham (1943): A Theory of Human Motivation im Psychological Review. Verfeinert und weiterentwickelt in: Motivation and Personality (1954) und Farther Reaches of Human Nature (1971).
27 Statista. Straftaten in Deutschland. https://de.statista.com/statistik/daten/studie/197/umfrage/straftaten-in-deutschland-seit-1997/.
28 Beispielhaft: Frame, Selby (2017): Julianne Holt-Lunstad probes loneliness, social connections. https://www.apa.org/members/content/holt-lunstad-loneliness-social-connections
Oder: Kinnert, Diane (2020): Die neue Einsamkeit. Hoffmann und Campe.
29 Statista. https://de.statista.com/statistik/daten/studie/6370/umfrage/vertragsbestand-anlebensversicherungen-in-deutschland-seit-2003/#:~:text=Vertragsbestand%20in%20der%20deutschen%20Lebensversicherung%20bis%202020&text=Im%20Jahr%202020%20belief%20sich,deutschlandweit%20auf%20rund%2082%20Millionen.
30 Handelsblatt: https://www.handelsblatt.com/finanzen/banken-versicherungen/versicherer/berkshire-hathaway-warum-warren-buffetts-aktie-die-nasdaq-zu-einem-upgrade-zwingt/27172568.html.
31 Beispielrechnung anhand des Zoo-Palasts Berlin: https://www.tagesspiegel.de/berlin/bezirke/charlottenburg-wilmersdorf/jubilaeum-im-zoo-palast-berlin-ein-jahr-grosses-kino-am-zoo/10985662.html#:~:text=Mehr%20als%20eine%20halbe%20Million%20Besucher&text=November%20zeigt%20sich%20der%20Unternehmer,sei%20das%20Haus%20%C3%A4u%C3%9Ferst%20beliebt.
32 Beispielrechnung anhand von VW, PKW-Verkäufe in Deutschland. https://geschaeftsbericht2020.volkswagenag.com/konzernlagebericht/geschaefts-verlauf/auslieferungen.html#:~:text=Auslieferungen%20in%20Deutschland,%2C6%20%25%20unter%20dem%20Vorjahreswert.
33 Business Insider. https://www.businessinsider.de/tech/tech-unternehmen-machen-keinen-gewinn-2019-11/.
34 Statista. https://de.statista.com/

infografik/22348/gewinn-bzw-verlust-von-tesla/.

35 Beleg für historische Kurse: Finanzen.net.

36 Zum Beispiel: Precious Capital. https://www.forbes.at/artikel/goldgraeberstimmung.html.

37 Zum Beispiel: Acatis Investments. https://www.forbes.at/artikel/apfelbaeume-und-speerfischer.html.

38 Zum Beispiel: Catella Max. https://www.forbes.at/artikel/die-besten-fondsmanager.html.

39 Beispiele: https://www.forbes.at/artikel/die-besten-fondsmanager.html.

40 Stiftung Warentest. https://www.test.de/500-Jahre-Reinheitsgebot-Deutsches-Bier-was-darf-rein-und-was-ist-drin-4991639-0/.

41 Heute ist es umstritten, ob Einstein den Satz wirklich gesagt hat. Aber nehmen wir für unser Gedankenspiel einfach mal an, es wäre so. https://falschzitate.blogspot.com/2017/07/der-zinses-zins-war-die-große-erfindung.html.

42 Zum ersten Mal berechnete der britische Philosoph und Ökonom in seinem Buch »An Appeal to the Public on the Subject of National Debt« aus dem Jahr 1792 den sogenannten »Josephspfennig«. Er gilt seither als eines der berühmtesten Beispiele, um die Macht des Zinseszinses zu zeigen. https://macsphere.mcmaster.ca/handle/11375/14773.

43 Berechnet nach optimistischen Durchschnittswerten des MSCI-World-Index. Nicht berücksichtigt: Inflation und Steuern. ETF-Sparplanrechner iShares: https://www.ishares.com/de/privatanleger/de/anlegen/sparen-mit-etfs/etf-sparplanrechner?switchLocale=y&siteEntryPassthrough=true.

Bildnachweis

S. 25 Steve Jobs: © 1972 edition of the Pegasus yearbook produced by Homestead High School

S. 51 Satoshi Nakamoto: Elekes Andor, CC BY-SA 4.0 Lizenz, https://commons.wikimedia.org/wiki/File:Satoshi_Nakamoto.jpg

S. 64 Jakob Fugger: © manfredxy/Shutterstock.com

S. 111 Warren Buffett: © mark reinstein/Shutterstock.com

S. 131 Jan Marsalek: Polizeipräsidium München (Munich Police Department), https://commons.wikimedia.org/wiki/File:Jan_Marsalek_Search.pdf

S. 132 Markus Braun: © CHRISTOF STACHE/Kontributor/Getty Images

S. 168 Sara Blakely: © Gillian Zoe Segal, CC BY-SA 4.0 Lizenz, https://commons.wikimedia.org/wiki/File:Sara_Blakely.jpg

S. 198 James W. Marshall: Unbekannter Autor, https://commons.wikimedia.org/wiki/File:James_Marshall2.jpg

S. 199 Johann August Sutter: © Anton_Ivanov/Shutterstock.com

S. 205 Elon Musk: © Debbie Rowe, CC BY-SA 3.0 Lizenz, https://commons.wikimedia.org/wiki/File:Elon_Musk_Royal_Society_(crop2).jpg

S. 248 Peter Thiel: © Dan Taylor, CC BY 2.0 Lizenz, https://commons.wikimedia.org/wiki/File: Peter_Thiel_by_Dan_Taylor.jpg

S. 250 Lea-Sophie Cramer: © Isa Foltin/Kontributor/Getty Images